Olá! Como está?

Livro de Textos

Leonete Carmo

EMPRESA PROMOTORA
DA LÍNGUA PORTUGUESA

Lidel – edições técnicas, lda.

EMPRESA PROMOTORA
DA LÍNGUA PORTUGUESA

A Lidel adquiriu este estatuto através da assinatura de um protocolo com o **Camões – Instituto da Cooperação e da Língua**, que visa destacar um conjunto de entidades que contribuem para a promoção internacional da língua portuguesa.

EDIÇÃO E DISTRIBUIÇÃO

Lidel – Edições Técnicas, Lda.

Rua D. Estefânia, 183, r/c Dto. – 1049-057 Lisboa

Tel.: +351 213 511 448

lidel@lidel.pt

Projetos de edição: editoriais@lidel.pt

www.lidel.pt

LIVRARIA

Av. Praia da Vitória, 14 A – 1000-247 Lisboa

Tel.: +351 213 511 448

livraria@lidel.pt

Copyright © 2004, Lidel – Edições Técnicas, Lda.
ISBN edição impressa: 978-989-752-410-3
1ª edição: abril 2004
2ª edição atualizada impressa: abril 2014
Reedição com áudio *online*: abril 2019

Pré-Impressão: REK LAME Multiserviços Gráficos & Publicidade, Lda.
Impressão e acabamento: WOP - World of Printing, Lda. - Romariz - Santa Maria da Feira
Dep. Legal: n.º 453736/19

Capa: Susana Araújo
Ilustrações: Kirstie de Wet

Faixas Áudio
Música: Luís Marques
Interpretação: Gentil Leitão Ribeiro
Vozes: Alfredo Brito, Manuel Carlos Lobão de Araújo e Gama, Maria Clemência Machado Matos, Maria Teresa de Carvalho Roque, Pedro Miguel Duran Martinez.
Execução Técnica: Estúdio Circo a Vapor

Ⓛ & © 2004 – Lidel
Ⓟ SPA

ÍNDICE GERAL

Apresentação.. 5

Países Lusófonos.. 17

Unidade introdutória... 19

Quadro Sinóptico.. 25

Primeira unidade – "Bom Dia.".. 33

Segunda unidade – "Onde Vive?".. 45

Terceira unidade – "Boa Viagem!"... 57

Quarta unidade – "Quando o Despertador Toca..."................... 69

Quinta unidade – "De Onde É?".. 81

Sexta unidade – "Está Um Dia Lindo!".................................... 97

Sétima unidade – "Quanto É Tudo?"...................................... 107

Oitava unidade – "Bem-Vindos a Portugal."............................ 117

Nona unidade – "Feliz Estadia!".. 127

Décima unidade – "Bom Apetite!".. 137

Décima primeira unidade – "Está? Quem fala?"....................... 149

Décima segunda unidade – "Fica Bem?"................................. 157

Décima terceira unidade – "Não Me Sinto Muito Bem."............. 165

Décima quarta unidade – "Quando Eu Era Mais Jovem..."........... 177

Décima quinta unidade – "Como Tem Passado?"...................... 187

Décima sexta unidade – "Oxalá!".. 197

Décima sétima unidade – "Se Eu Fosse Milionário..."................ 207

Décima oitava unidade – "Se Deus Quiser..."......................... 217

Décima nona unidade – "Até À Vista Lisboa!"......................... 227

Vigésima unidade – "É Uma Casa Portuguesa Com Certeza!"....... 235

Apêndice Gramatical.. 243

Ficheiro Áudio 1

Unidade Introdutória
1 - Alfabeto
2 - Sons orais
3 - Sons nasais
4 - Sons consonânticos
5 - Vamos ler e aprender
6 - Atividade 1
7 - Atividade 2

1.ª Unidade
8 - Texto A
9 - Texto B
10 - Texto C
11 - Texto D

2.ª Unidade
12 - Texto A
13 - Texto B
14 - Texto C
15 - Texto D

3.ª Unidade
16 - Texto A
17 - Texto B
18 - Texto C
19 - Texto D
20 - Atividade 2 - Diálogo 1
21 -   Diálogo 2
22 -   Diálogo 3

4.ª Unidade
23 - Texto A
24 - Texto B
25 - Texto C
26 - Texto D

5.ª Unidade
27 - Texto A
28 - Texto B
29 - Texto C
30 - Texto D
31 - Atividade 3 - A
32 -   B
33 -   C
34 -   D
35 -   E
36 -   F

6.ª Unidade
37 - Texto A
38 - Texto B
39 - Texto C
40 - Texto D
41 - Atividade 3 - A
42 -   B
43 -   C

7.ª Unidade
44 - Texto A
45 - Texto B
46 - Texto C
47 - Texto D
48 - Atividade 3 - Diálogo 1
49 -   Diálogo 2
50 -   Diálogo 3
51 -   Diálogo 4

8.ª Unidade
52 - Texto A
53 - Texto B
54 - Texto C
55 - Texto D
56 - Atividade 3 - Diálogo 1
57 -   Diálogo 2
58 -   Diálogo 3

9.ª Unidade
59 - Texto A
60 - Texto B
61 - Texto C
62 - Texto D
63 - Atividade 2 - A
64 -   B

10.ª Unidade
65 - Texto A
66 - Texto B
67 - Texto C
68 - Texto D
69 - Atividade 3 - Diálogo 1
70 -   Diálogo 2
71 -   Diálogo 3
72 - Atividade 4

Tempo Total de Gravação:
54.55

Ficheiro Áudio 2

11.ª Unidade
1 - Texto A
2 - Texto B
3 - Texto C
4 - Texto D
5 - Atividade 2 - A
6 -   B
7 -   C
8 -   D
9 -   E
10 -   F
11 -   G
12 - Atividade 3 - Diálogo 1
13 -   Diálogo 2
14 -   Diálogo 3
15 - Atividade 4

12.ª Unidade
16 - Texto A
17 - Texto B
18 - Texto C
19 - Texto D
20 - Atividade 2 - Diálogo 1
21 -   Diálogo 2
22 -   Diálogo 3
23 - Atividade 3

Revisão - Unidades 9 a 12
24 - Atividade 4 - A
25 -   B
26 -   C

13.ª Unidade
27 - Texto A
28 - Texto B
29 - Texto C
30 - Texto D
31 - Atividade 2
32 - Atividade 3 - Diálogo 1
33 -   Diálogo 2
34 -   Diálogo 3

14.ª Unidade
35 - Texto A
36 - Texto B
37 - Texto C
38 - Texto D
39 - Atividade 3

15.ª Unidade
40 - Texto A
41 - Texto B
42 - Texto C
43 - Texto D

16.ª Unidade
44 - Texto A
45 - Texto B
46 - Texto C
47 - Texto D
48 - Atividade 2 - Telefonema 1
49 -   Telefonema 2
50 -   Telefonema 3

17.ª Unidade
51 - Texto A
52 - Texto B
53 - Texto C
54 - Texto D

18.ª Unidade
55 - Texto A
56 - Texto B
57 - Texto C
58 - Texto D
59 - Atividade 2
60 - Atividade 3 - Diálogo 1
61 -   Diálogo 2

19.ª Unidade
62 - Texto A
63 - Texto B
64 - Texto C
65 - Texto D
66 - Atividade 4 - Diálogo 1
67 -   Diálogo 2
68 -   Diálogo 3
69 - Atividade 6 - Diálogo 1
70 -   Diálogo 2
71 -   Diálogo 3
72 -   Diálogo 4
73 -   Diálogo 5
74 -   Diálogo 6
75 -   Diálogo 7
76 -   Diálogo 8

20.ª Unidade
77 - Texto A
78 - Texto B
79 - Texto C
80 - Texto D
81 - Atividade 2

Tempo Total de Gravação:
1.09.26

Este Curso de Língua Portuguesa foi especialmente concebido e elaborado para satisfazer as necessidades e os interesses socioprofissionais ou académicos de adultos, ou de jovens adultos, que pretendam aprender a língua portuguesa num espaço limitado de tempo.

Para alcançar esse objetivo, foram aplicadas certas normas didáticas provadas eficazes na aquisição rápida de uma língua e das quais destacamos as seguintes:

- O fornecimento da informação linguística inteligível, substancial e contextualizada;
- A seleção do *input* de acordo com o critério do seu uso e da sua frequência a nível lexical, morfossintático e funcional;
- A apresentação dos conteúdos gramaticais de forma gradual e progressiva, isto é, de um nível elementar a um nível avançado;
- A aplicação do método indutivo no ensino da gramática;
- A criação de atividades de aprendizagem com base textual, com especial relevância para as atividades de carácter recetivo e interativo;
- O recurso à estimulação visual através de imagens ilustrativas do texto verbal;
- O recurso à informação auditiva através da gravação sonora do texto e das atividades de carácter auditivo.

Duração mínima do Curso:
- 1ª parte (Unidade Introdutória + Unidades 1 a 12) - 20 semanas;
- 2ª parte (Unidades 13 a 20) - 14 semanas.

Componentes do Curso:
- Livro de Textos;
- Livro de Atividades;
- Caderno de Vocabulário;
- Ficheiros áudio disponíveis em www.lidel.pt/pt/download-conteudos/.

Livro de Textos - Contém:
1.1 Apresentação;
1.2 Países lusófonos;
1.3 Unidade introdutória;
1.4 Quadro sinóptico;
1.5 Textos;
1.6 Exploração dos textos a nível gramatical, funcional (atos de fala) e lexical;
1.7 Apêndice gramatical.

Livro de Atividades - Contém:
> 2.1 Apresentação;
> 2.2 Atividades de aprendizagem nas quatro competências linguísticas;
> 2.3 Transcrição do material gravado e de textos suplementares referentes às atividades de compreensão oral;
> 2.4 Chave das atividades de compreensão escrita.

Caderno de Vocabulário (incluído no Livro de Atividades) – **Contém:**
> 3.1 Vocabulário de cada capítulo*traduzido para inglês, francês e alemão.

Ficheiros áudio - Contêm:
> 4.1 A gravação sonora da Unidade Introdutória bem como dos textos que constituem cada capítulo*e dos diálogos suplementares que servem de base a atividades de compreensão oral.

LIVRO DE TEXTOS

1.1 Apresentação:

Contém informação geral acerca do manual, bem como diretrizes para a sua utilização.

1.2 Países lusófonos:

Contém informação geral e concisa acerca dos diversos países do mundo lusófono.

1.3 Unidade introdutória:

O aprendente é introduzido na língua-alvo através da prática auditiva dos seus sons vocálicos e consonânticos.

Numerais ordinais e curtas frases de uso corrente são subsequentemente apresentadas com a dupla finalidade de prática fonética e de aprendizagem.

1.4 Quadro sinóptico:

A fim de guiar o professor na apresentação do curso, o conteúdo de cada uma das unidades foi sintetizada num quadro sinóptico.

1.5 Textos:

*Com o intuito de fornecer ao aprendente informação linguística (*input*) inteligível, substancial e contextualizada, foi criada uma estória dividida em capítulos, devidamente encadeados, e que servem de veículo ao ensino e à aprendizagem da língua.

Por sua vez, cada capítulo foi subdividido em quatro textos (A, B, C e D) com vista não só a uma melhor absorção do seu conteúdo por parte do aluno, como também a uma maior flexibilidade e facilitação da tarefa do professor.

A estória gira à volta de duas famílias relacionadas entre si, mas vivendo em diferentes contextos geográficos (Portugal e Brasil), os quais servem de via à inclusão, não apenas de formas linguísticas, mas também de certos aspetos socioculturais peculiares a cada uma das sociedades.

A existência de um fio condutor, através dos 20 capítulos que constituem a estória e a variedade de conteúdo de cada um deles, tem como objetivo manter vivo o interesse e a motivação do aluno, facilitando, desse modo, a aprendizagem da língua.

No aspeto formal, tanto a nível semântico como estrutural, optámos por formas com alta probabilidade de ocorrência em atos genuínos de comunicação.

Relativamente ao registo de língua adotado, fatores como idade e maturidade dos aprendentes tiveram obviamente de ser tomados em consideração.

Assim, tendo em vista que o curso visa à preparação do aprendente para atuar especialmente no domínio profissional, evitou-se o uso da linguagem demasiado coloquial e deu-se preferência ao emprego de uma linguagem mais formal, não obstante, acessível e simplificada.

Por sua vez, a inclusão dos dois contextos sociolinguísticos – o contexto português e o contexto brasileiro – oferece ao aluno a oportunidade de aprendizagem das principais diferenças fonéticas, lexicais e morfossintáticas existentes entre as duas línguas, facilitando, de certo modo, a sua possível integração em qualquer país do mundo lusófono.

Cada capítulo é igualmente explorado no Livro de Atividades, através de variadas atividades de compreensão e de expressão oral e escrita.

1.6 Exploração dos textos:

A exploração dos textos é feita em três áreas:
1.6.1 gramatical;
1.6.2 funcional (atos de fala);
1.6.3 lexical.

1.6.1 Área gramatical "Vamos explorar":

Tendo em mente que o objetivo desta secção *não* é ensinar regras gramaticais, mas sim ajudar o aluno a compreender o funcionamento da língua e a apropriar-se dos mecanismos que a regulam, optámos pela aplicação do método indutivo na sua apresentação.

Assim, exemplos extraídos do texto e seguidos de uma explicação sucinta do seu uso são apresentados ao aluno como mera referência e objeto de clarificação.

Pronomes (com exceção dos *pessoais, reflexos, demonstrativos* e *possessivos*), advérbios e conjunções são apresentados apenas como léxico ou como noções gerais e não como elementos gramaticais.

Embora as duas partes do curso "Olá! Como está?" estejam perfeitamente articuladas, de modo a conferir unidade à estória, as Unidades 13 a 20 contêm obviamente estruturas gramaticais mais complexas.

Algumas dessas estruturas, dada precisamente a sua complexidade e pouco uso na linguagem corrente, deverão apenas ser mencionadas ou ensinadas com o fim de serem reconhecidas em material de leitura, não devendo ser usadas em qualquer tipo de atividades, sobretudo em atividades de expressão oral.

A título de exemplo, poderemos citar a conjugação pronominal dos verbos em que a forma verbal e o pronome sofrem alterações [*fá-lo / di-lo / trá-lo*], bem como o futuro e o condicional dos verbos conjugados pronominalmente ou reflexamente.

A um nível elementar, requer-se apenas que os alunos aprendam e ponham em prática, quer na linguagem falada, quer na linguagem escrita, aqueles princípios básicos e operativos que regem qualquer língua e sem os quais a comunicação se torna ineficaz.

1.6.2 Área funcional "O que se diz para.../Como se responde?":

Elementos nocionais e atos de fala, necessários ao uso da língua nas atividades comunicativas, foram extraídos de cada capítulo e inventariados de forma sistematizada para, através do seu relacionamento com a situação textual a que se aplicam, permitir ao aluno a sua revisão fácil e a sua aplicação às situações comunicativas do quotidiano.

Com o objetivo de ajudar o aluno a interpretar a designação dessas funções, procedemos à tradução daquelas que poderiam oferecer alguma dificuldade de compreensão.

Por considerarmos desnecessária, omitimos a tradução de designações facilmente reconhecidas.

1.6.3 Área lexical "Para além do texto":

Léxico suplementar, inserido numa curta frase e categorizado de acordo com a sua relação semântica, é aqui apresentado com a dupla finalidade de ajudar o aluno a expandir o seu vocabulário para além do texto e de, consequentemente, acelerar o desenvolvimento da sua proficiência oral e escrita.

Estas novas palavras deverão, contudo, ser consideradas como vocabulário passivo e a sua memorização não deverá de modo algum ser exigida. O aluno deverá limitar-se a ler essas curtas frases em voz alta e tentar compreendê-las.

Por outro lado, o aluno deverá ser encorajado a aprender vocabulário suplementar relacionado com o tópico do texto, mas não inserido nele, e que é, por vezes, apresentado nesta secção, quer através de ilustrações, quer através de curtas listas.

Provérbios e adágios – A inclusão de provérbios e adágios nesta secção foi feita principalmente com o objetivo de ajudar o aluno a reter palavras-chave que entram na sua composição e que fazem parte do vocabulário aprendido no texto.

Pelo seu carácter cultural, esta estratégia permite igualmente interessar o aluno por uma parte da cultura-alvo, ao mesmo tempo que lhe oferece a oportunidade de estabelecer uma relação com a sua própria cultura, mediante a comparação que possa fazer com provérbios existentes na sua língua nativa.

1.7 Apêndice gramatical:

A título de consulta e de revisão, importantes elementos que constituem a estrutura gramatical da língua portuguesa são apresentados nesta secção, de forma concisa e sistematizada.

Planeamento do Curso:

O curso completo – Unidade Introdutória + Unidades 1 a 20 – foi programado para um mínimo de 34 semanas, durante as quais o aprendente deverá cumprir um horário de 2 horas semanais de aulas, complementadas por um mínimo de 30 minutos de preparação diária, em casa, através da audição da gravação sonora de cada um dos capítulos. O número total de semanas deverá sempre incluir as aulas dedicadas às atividades de revisão e consolidação apresentadas de quatro em quatro unidades no Livro de Atividades ("Vamos Recordar").

No que diz respeito à apresentação de cada uma das unidades e respetivas atividades, várias outras opções se apresentam, dependentes do número de semanas ou de horas semanais disponível ou do ritmo que o professor pretenda adotar.

O quadro abaixo representa algumas dessas opções:

Número de horas por semana	Tipo de curso	Distribuição de cada unidade por lição	Distribuição de atividades por lição
2 (1x2)	Unidade Introdutória + Unidades 1 a 20	1 unidade por lição (A B C D)	Compreensão oral e expressão oral*
2 (1x2)	Unidade Introdutória + Unidades 1 a 12	1 unidade por duas lições (A B) + (C D)	Compreensão oral, expressão oral e compreensão escrita
2 (1x2)	Unidades 13 a 20	1 unidade por duas lições (A B) + (C D)	Compreensão oral, expressão oral e compreensão escrita
4 (2x2)	Unidade Introdutória + Unidades 1 a 20	1 unidade por duas lições (A B) + (C D)	Compreensão oral, expressão oral e compreensão escrita

* As atividades de compreensão e de expressão escrita deverão ser elaboradas pelo aluno em casa.

Convém salientar que, sempre que ao professor se apresente a possibilidade de apresentar o curso para além das 34 semanas acima referidas, essa oportunidade deverá ser aproveitada, a fim de permitir ao aluno uma melhor absorção e retenção do material a aprender.

DIRETRIZES GERAIS:
As diretrizes que se seguem aplicam-se à apresentação do curso completo num horário de 2 horas semanais, durante um período de 34 semanas.

I – Preparação de cada capítulo:
O seguinte plano de preparação semanal, em casa, através da audição da gravação sonora, deverá ser sugerido aos alunos:

	Dia 1	Dia 2	Dia 3	Dia 4	Dia 5	Dia 6	Dia 7
Textos	A	*(A)+B	*(A+B)+C	*(A+B+C)+D	A+B+C+D + atividades de c. escrita	A+B+C+D + atividades de c. escrita	A+B+C+D + atividades de c. escrita

*Entre o segundo dia e o quarto dia, é recomendada a audição dos textos anteriormente escutados.

Na preparação diária de cada um dos textos A, B, C e D (dia 1 a 4), os alunos deverão seguir o seguinte plano:
  1 – Apreensão do sentido geral do texto em estudo, mediante a consulta do vocabulário a ele referente;
  2 – Audição da gravação sonora e leitura do texto, **em voz alta**, duas, três ou mais vezes por dia;
  3 – Audição da gravação sonora sem recurso ao texto escrito, como teste de autoavaliação.
Para uma melhor absorção do conteúdo textual, o aluno deverá estar descontraído durante este processo, não devendo preocupar-se em assimilar imediatamente todo o vocabulário e todas as estruturas contidas no texto em estudo.

O que é importante nesta fase de preparação é que compreenda o teor do texto, uma vez que a sua interiorização só se operará após a prática oral das estruturas nele contidas, a qual será feita na aula.

A partir do quinto dia, recomenda-se a audição dos quatro textos (A, B, C e D) sem recurso à sua leitura.

O aluno deverá ser desencorajado de memorizar palavras soltas ou de aplicar o método analítico durante o processo de aprendizagem da língua.

Assim, compete ao professor encorajá-lo, desde o início do curso, a fazer uso da sua capacidade imaginativa, visualizando as situações e as ações descritas nos textos, associando-as com a palavra ou com as expressões que as descrevem e com as personagens que as praticam, para que a absorção e retenção dessas formas e estruturas se processem naturalmente.

É extremamente importante que a aprendizagem da língua seja feita através da audição da gravação sonora do texto, sobretudo para aqueles alunos que não estejam expostos diariamente à língua-alvo. O uso de auscultadores deve ser recomendado.

Dada a impossibilidade ou dificuldade em reter toda a informação contida nos textos, com uma simples audição, a prática regular, diária, reveste-se da maior importância. Um pouco de cada vez resulta mais e melhor do que muito de uma só vez!

Disciplina e motivação da parte do aluno são dois fatores importantes e absolutamente necessários para alcançar este objetivo.

Idealmente, esta preparação diária deverá ser feita **pelo menos duas vezes por dia**, de preferência de manhã cedo (15 a 20 minutos) e à noite (15 a 20 minutos) em ambiente tranquilo. Daí a vantagem do uso dos auscultadores!

Dependendo no entanto de vários fatores, como sejam, a complexidade do texto em foco ou o grau de dificuldade da parte do aluno em aprender uma língua estrangeira, esta recomendação deverá ajustar-se a essa realidade. Por outras palavras, alguns alunos e alguns textos poderão requerer uma preparação mais intensa do que outros.

Embora o professor possa por vezes antecipar essa situação, compete ao próprio aluno usar o seu critério de julgamento e fazer o seu ajustamento pessoal.

Autoavaliação:

Após a preparação de cada texto ou de cada capítulo, o aluno deverá submeter-se a dois ou três testes de autoavaliação:

1 - Teste de compreensão oral:

Depois de ter escutado a gravação sonora e de ter, simultaneamente, lido duas ou mais vezes o texto a preparar, o aluno deverá relaxadamente escutá-lo de novo, sem recorrer ao texto escrito, a fim de avaliar por si próprio o seu grau de compreensão auditiva. Perante o resultado obtido, decidirá se deve ou não proceder à sua repetição.

2 - Teste de compreensão escrita:

A partir do quinto dia de preparação do texto, além da audição da gravação sonora, o aluno deverá efetuar as atividades de compreensão escrita "Vamos construir" e "Vamos reconstruir" contidas no Livro de Atividades e cuja chave se encontra no fim do livro.

Para além do seu carácter de autoavaliação, a realização desta tarefa tem igualmente a vantagem de permitir ao professor dedicar a maior parte da aula às atividades de compreensão e de expressão orais. Contudo, é conveniente verificar se os alunos cumprem regularmente com esta tarefa caseira.

3 - Teste de expressão oral:

As ilustrações que acompanham a maior parte dos textos poderão ser usadas como estímulo da prática oral, quer como atividade interativa com recurso ao diálogo (*O que dizem as pessoas representadas nas imagens?*), quer como atividade descritiva.

II – Planeamento das aulas:

Apresentamos como modelo o planeamento das primeiras três aulas, presumindo que cada uma delas tem a duração de 2 horas e é apresentada apenas uma vez por semana.

Primeira aula:
- Apresentação do professor em português (*Chamo-me... / O meu nome é...*);
- Pedido ao aluno para se apresentar (*Como se chama? / Qual é o seu nome?*);
- Mais detalhes pessoais do professor prestados na língua nativa do aluno: *naturalidade / habilitações académicas / experiência pedagógica, etc.*;
- Pergunta importante dirigida ao aluno: "*Qual a razão por que quer aprender a língua portuguesa?*";
- Breve introdução à origem da língua. Países lusófonos;
- Unidade introdutória: alfabeto português / acentos / sílaba tónica / sons orais, nasais e consonânticos;
- Leitura de frases úteis (ver Unidade Introdutória);
- Numerais cardinais (1 a 20).

Trabalho para casa:
- Aprender o abecedário através da audição da gravação sonora. Praticá-lo, soletrando o nome próprio, o apelido e o endereço;
- Sons orais, nasais e consonânticos: escutar as palavras gravadas e repeti-las;
- "Vamos ler e aprender": escutar as frases, repeti-las e aprender o seu significado (quatro a cinco frases por dia);
- Numerais: estudar uma coluna por dia. Rever os números aprendidos no dia ou nos dias anteriores. Praticar.

Segunda aula:
- Saudação em português [*Bom dia! / Boa tarde! / Como está? / Tudo bem?...*];
- Atividades respeitantes à Unidade Introdutória (Livro de Atividades).

Apresentação do primeiro capítulo "Bom dia.":

- Resumo na língua nativa do aluno* do teor de cada um dos textos (A, B, C e D) que constituem cada capítulo;

  * A partir da nona unidade este resumo é feito em português.

- Leitura expressiva dos textos (A, B, C e D);
- Introdução à estrutura gramatical da língua portuguesa, com mais ou menos minúcia dependendo das similaridades ou das diferenças em relação à língua nativa do aluno;
- Explicação das principais questões gramaticais contidas nos textos através de exemplos deles extraídos: género e número (exemplificar com as ilustrações das páginas 43 e 44), pronomes pessoais, flexão verbal: *Presente do Indicativo dos verbos regulares terminados em –ar* no Infinitivo;
- Diretrizes para a preparação da lição em casa: como, quando e com que regularidade deverá usar a gravação sonora; elaboração dos testes de autoavaliação (ver: "Preparação de cada capítulo").

Trabalho para casa:

- Preparar a unidade "Bom dia.", seguindo as diretrizes dadas;
- Aprender diariamente o nome de quatro ou cinco objetos ilustrados, precedidos dos artigos definidos e indefinidos.

AULA MODELO

Terceira aula:
1 – Primeira parte (± 45 minutos):

a) Leitura em voz alta de cada um dos textos do primeiro capítulo "Bom dia.":

Até os alunos se familiarizarem com a língua e com o ambiente à sua volta, recomendamos que a leitura seja feita com a participação do professor ou, tratando-se de um grande número de alunos, que sejam repartidos em quatro grupos e que cada um dos grupos leia, em coro, um dos textos (A, B, C e D).

Neste caso, o professor deverá estar atento a erros de pronúncia ou tonicidade que porventura possam ocorrer. No fim da leitura, deverá escrever a palavra ou frase no quadro e pronunciá-la corretamente.

b) Atividades de compreensão oral "Vamos escutar e falar":

Imediatamente após a leitura de cada texto, o aluno deverá fechar o livro, ser aconselhado a descontrair-se, prestar atenção às asserções feitas pelo professor relativamente ao texto que acabou de ler e dizer se as mesmas são *verdadeiras* ou *falsas*.

Sendo a asserção verdadeira, deverá repeti-la e, sendo falsa, deverá corrigi-la, de preferência na língua-alvo, isto é, em português.

Dependendo do número de alunos, esta atividade poderá ser feita, ou individualmente, ou em coro. Neste caso é recomendada a divisão em quatro grupos.

No que diz respeito a outras atividades de compreensão oral suplementares, as mesmas poderão, de acordo com o tempo disponível, ser praticadas imediatamente ou ser reservadas para a aula de revisão que tem lugar de quatro em quatro unidades. Ficará ao critério do professor usá-las na sua totalidade ou fazer a sua própria seleção.

2 – Segunda parte (± 45 minutos):

a) Atividades de expressão oral:

Numa abordagem orientada para a comunicação, estas atividades são obviamente das mais importantes, não devendo de forma alguma ser negligenciadas ou relegadas para um segundo plano, sobretudo em favor da expressão escrita.

N.B. – A um nível mais avançado, em que o grau de proficiência oral alcançado pelos alunos permite uma maior e melhor interação, compete ao professor selecionar material suplementar, relativo a tópicos da atualidade, o qual deverá ser usado pelo aluno, em casa, como material de leitura e, na aula, como relato ou como fonte de discussão ou de debate.

b) Atividades de compreensão escrita:

Consoante o tempo disponível em função da duração do curso ou de outros fatores, estas atividades poderão ser feitas em casa ou na aula. No primeiro caso, o aluno poderá recorrer à chave das atividades no Livro de Atividades e proceder à sua verificação e correção, apelando, em caso de dúvida, para a ajuda do professor. No segundo caso, recomendamos o trabalho em grupo e a correção geral feita pelo professor com a participação dos alunos.

c) Atividades de expressão escrita:

Perante o facto de os interesses e necessidades dos aprendentes a quem este curso se destina serem, de uma maneira geral, focados para a comunicação oral, a elaboração das atividades de expressão escrita deve ser facultativa.

Os alunos que as desejem fazer, deverão fazê-las em casa, como exercício de consolidação, de preferência depois de os textos terem sido ativados na aula.

Por economia de tempo, estes trabalhos devem ser corrigidos, em casa, pelo professor.

Terceira parte (± 30 minutos):

- Resumo feito pelo professor, na língua nativa do aluno, do teor do segundo capítulo "Onde vive?";

- Leitura expressiva dos textos (A, B, C e D);
- Explicação das principais questões gramaticais através de exemplos extraídos dos textos ("Vamos explorar").

Trabalho para casa:
- Facultativo: fazer as atividades de expressão escrita respeitantes ao primeiro capítulo "Bom dia.";
- Preparar o segundo capítulo "Onde vive?", seguindo as diretrizes dadas;
- Fazer os testes de autoavaliação de expressão oral (*descrição oral das ilustrações que acompanham cada um dos textos*) e, entre o quinto e o sétimo dia de preparação, os de compreensão escrita ("Vamos construir" e "Vamos reconstruir").

Este padrão, de uma maneira geral, repete-se na primeira parte do Curso (unidades 1 a 12). Contudo, para evitar a monotonia derivada dessa repetição, certas variantes poderão ser introduzidas de quando em quando. As aulas de revisão, que têm lugar de quatro em quatro semanas, servem de certo modo esse propósito.

Conclusão:

Uma última palavra dirigida principalmente àqueles colegas com uma experiência incipiente na área do ensino de Português Língua Estrangeira.

Um dos ensinamentos mais importantes será talvez o que respeita às nossas expectativas como professores, resultantes, em parte, da perceção de que o nível etário dos nossos estudantes nos permitirá atingir facilmente os objetivos que nos propomos alcançar.

Porém, na realidade, outros fatores entram em jogo, sendo o mais importante dos quais, sem dúvida, o que respeita ao contexto geográfico em que a aprendizagem da língua tem lugar.

Neste aspeto, o pior dos cenários será evidentemente aquele em que essa aprendizagem se opera num país onde a língua-alvo não é, nem falada, nem escutada.

Para além de várias estratégias a serem adotadas com o fim de obviar este problema, é indispensável uma grande motivação e entusiasmo, quer da parte do professor, quer da parte do aprendente, bem como a criação de um ambiente estimulante, conducente à aprendizagem fácil e aprazível da língua.

Esperamos com este curso ter contribuído para a concretização desses objetivos.

Países Lusófonos

	Superfície	População	Capital	Moeda	Bandeira
Portugal	92 152 km^2	11 milhões	Lisboa	Euro	
Brasil	8 514 877 km^2	195 milhões	Brasília	Real	
Angola	1 246 700 km^2	19 milhões	Luanda	Cuanza	
Moçambique	799 380 km^2	23 milhões	Maputo	Metical	
Cabo Verde	4 033 km^2	510 mil	Cidade da Praia	Escudo Cabo-verdiano	
Guiné-Bissau	36 125 km^2	1,64 milhões	Bissau	Franco CFA	
São Tomé e Príncipe	1 001 km^2	160 mil	São Tomé	Dobra	
Timor-Leste	15 007 km^2	1,17 milhões	Díli	Dólar	

O Mundo Lusófono

Alfabeto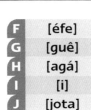

A	[á]	F	[éfe]	K	[capa]	P	[pê]	U	[ú]
B	[bê]	G	[guê]	L	[éle]	Q	[quê]	V	[vê]
C	[cê]	H	[agá]	M	[éme]	R	[érre]	W	[dâblio]
D	[dê]	I	[i]	N	[éne]	S	[ésse]	X	[xis]
E	[é]	J	[jota]	O	[ó]	T	[tê]	Y	[ípsilon/ i grego]
								Z	[zê]

Acentos

´	indica som aberto	á	é	ó
^	indica som fechado	â	ê	ô
~	indica som nasal	ã	–	õ

Sílaba tónica — ACENTUADA GRAFICAMENTE

Última sílaba	café	você	irmã
Penúltima sílaba	táxi	açúcar	pôde
Antepenúltima sílaba	sábado	câmara	último

Sílaba tónica — NÃO ACENTUADA GRAFICAMENTE

Regra geral: Penúltima sílaba	banana	importante	livraria

Exceções: Palavras terminadas na *última sílaba* em:

-al - Portugal	-ar - falar	-i - Mali
-el - Manuel	-er - beber	-u - Peru
-il - Brasil	-ir - abrir	
-ol - rissol	-or - amor	
-ul - azul	-ur - Artur	

* Ficheiros áudio disponíveis em www.lidel.pt/pt/download-conteudos/, até o livro se esgotar ou ser publicada nova edição atualizada ou com alterações

Sons orais

a (som aberto)	dá / gato / água
a (som fechado)	cama / banana / tâmara
e (som aberto)	André / janela / Évora
e (som fechado)	você / Pedro / azedo
e (som mudo)	nove / fevereiro / Senegal
i (som fechado)	dia / piloto / Ibéria
o (som aberto)	avó / bola / ópera
o (som fechado)	avô / obrigado / aroma
o (som mudo)	bonito / poeta / romano
u (som fechado)	Peru / zulu / último
ai (som aberto)	Aida / maio / pai
au (som aberto)	Paulo / Cláudia / Macau
éi (som aberto)	hotéis / papéis / anéis
ei (som fechado)	janeiro / feira / falei
éu (som aberto)	véu / chapéu / céu
eu (som fechado)	meu / seu / Europa
oi (som aberto)	boia / dói / joia
oi (som fechado)	dois / oito / oitenta
ou (som fechado)	sou / pouco / outono

Sons nasais

ã	alemã / irmã / lã
ão	alemão / irmão / verão
ãe	mãe / pães / cães
an / am	tango / samba / caramba
en / em	cento / novembro / tempo
em (final)	bem / também / além
in / im	sim / importante / Coimbra
on / om	bom / onda / Afonso
oe	põe / camarões / leões
un / um	um / segundo / rumba

Sons consonânticos

ca / co / cu [k]	cabo / cola / óculos
ça / ço / çu [ss]	Moçambique / aço / açúcar
ce / ci [ss]	cego / praceta / cimento
ge / gi [j]	longe / girafa / gelado
gue / gui [g]	guerra / guitarra
ch	chuva / cacho / duche
lh	alho / agulha / julho
nh	champanhe / amanhã / junho
qua [Kwa]	quatro / quarenta / aquático
que [Ke]	quero / pequeno / quente
qui [Ki]	quilo / quinta / aquilo
r	caro / falar / Paris
r	França / quarto / trinta
r / rr	Rita / carro / ferro
s / ss	sete / passaporte / disse
s [z]	rosa / casual / Luísa
s [j]	mas / Espanha / Luís
x [ch]	xarope / lixo / caixa
x [z]	exame / exemplo / exercício
x [cs]	táxi / flexível / tóxico
x [ss]	máximo / próximo / aproximar
z	zero / azul / zebra
z [j]	paz / arroz / luz

Ligação de palavras

Os Estados Unidos ➝ ➝ [Ozestadozunidoj]

Sinais de pontuação

.	,	;	:	?	–
ponto	vírgula	ponto e vírgula	dois pontos	ponto de interrogação	travessão

Símbolos

@	%	+	–	=
arroba	por cento	mais	menos	igual

Vamos ler e aprender

Bom dia.	Good morning.	Bonjour.	Guten Morgen.
Boa tarde.	Good afternoon.	Bonjour. / [Bon après-midi].	Guten Tag.
Boa noite.	Good evening. / Good night.	Bonsoir. / Bonne nuit.	Guten Abend. / Gute Nacht.
Como está? Estou bem, obrigado. Estou bem, obrigada.	How are you? I am well, thank you.	Comment ça va? Ça va bien, merci.	Wie geht es? Mir geht es gut, danke.
Tudo bem?(informal)	Everything well?	Ça va?	Alles in Ordnung?
Adeus.	Goodbye.	Au revoir. / Adieu.	Auf Wiedersehen
Até amanhã.	See you tomorrow. / Until tomorrow.	À demain.	Bis Morgen.
Até logo.	See you later.	À bientôt.	Bis später.
Bom fim de semana! Boa viagem! Boas férias!	Good / nice weekend! Good / nice journey! Good / nice holidays!	Bon week-end! Bon voyage! Bonnes vacances!	Schönes Wochenende! Gute Reise! Schöne Ferien! / Schönen Urlaub!
Boa sorte! Bom apetite!	Good luck! Enjoy your food!	Bonne chance! Bon appétit!	Viel Glück! Guten Appetit!
Faz favor... Por favor... Desculpe.	Please... Please... Sorry. / Excuse me.	S'il vous plaît... S'il vous plaît... Pardon. / Excusez-moi.	Ich bitte Sie... Bitte schön... Entschuldigung.
Com licença.	Excuse me. / [With your permission].	Permettez-moi. / Pardon.	Bitte.
Prazer em conhecê-lo. Prazer em conhecê-la.	Pleased to meet you.	Enchanté.	Es freut mich Sie kennen zu lernen.
Parabéns!	Congratulations!	Félicitations!	Gratuliere! / Herzlichen Glückwünsch!
Saúde! Felicidades!	Cheers! Health! Best wishes!	Santé! Meilleurs voeux!	Prost! Glückwünsche!
Feliz aniversário! Feliz Natal! Feliz Ano Novo!	Happy birthday! Happy Christmas! Happy New Year!	Bon anniversaire! Joyeux Noël! Bonne année!	Alles Gute zum Geburtstag! Frohe Weihnachten! Gutes Neues Jahr!
Muito obrigado. Muito obrigada.	Thank you very much.	Merci beaucoup.	Vielen Dank.
De nada.	Don't mention it.	De rien.	Keine Ursache. / Bitte.
Igualmente.	The same to you.	Également.	Gleichfalls.
Bem-vindo. Bem-vinda.	Welcome.	Soyez le/la bienvenu/e.	Herzlich Willkommen.

Números

1	um	11	onze	21	vinte e um		
2	dois	12	doze	22	vinte e dois		
3	três	13	treze	23	vinte e três		
4	quatro	14	catorze	24	vinte e quatro		
5	cinco	15	quinze	25	vinte e cinco		
6	*seis	16	*dezasseis	26	vinte e seis		
7	sete	17	*dezassete	27	vinte e sete		
8	oito	18	dezoito	28	vinte e oito		
9	nove	19	*dezanove	29	vinte e nove		
10	dez	20	vinte	30	trinta		

40	quarenta
50	cinquenta
60	sessenta
70	setenta
80	oitenta
90	noventa

100	cem	200	duzentos	
101	cento e um	300	trezentos	
102	cento e dois	400	quatrocentos	
103	cento e três	500	quinhentos	
113	cento e treze	600	seiscentos	
121	cento e vinte e um	700	setecentos	
167	cento e sessenta e sete	800	oitocentos	
199	cento e noventa e nove	900	novecentos	

1000	mil
1001	mil e um
1100	mil e cem
1121	mil cento e vinte e um
1999	mil novecentos e noventa e nove
2000	dois mil
1000000	um milhão
2000000	dois milhões
1000000000000	*um bilião
2000000000000	*dois biliões

* No Brasil diz-se:

6	seis *ou* meia
16	dezesseis
17	dezessete
19	dezenove
1000000000	um bilhão
2000000000	dois bilhões

no Brasil, 1 bilhão = 1000 milhões

em Portugal, 1 bilião = 1 milhão de milhões

Quadro Sinóptico

	Área temática e lexical	Atos de fala	Gramática
Primeira **Unidade**	Gostos Ocupações e atividades Desportos Línguas Meios de transporte Dias da semana	Saudar e despedir-se *(formal e informal)* Responder Apresentar-se *(informal)* Perguntar o nome de alguém Responder Inquirir sobre gostos Responder Expressar surpresa Pedir um favor Certificar-se Agradecer	Género e número dos substantivos Artigos definidos e indefinidos Verbos regulares terminados em **-ar** no Infinitivo Forma interrogativa e negativa Expressões interrogativas

	Área temática e lexical	Atos de fala	Gramática
Segunda **Unidade**	Família Países Bebidas Tempos livres	Iniciar comunicação Pedir desculpa Responder Pedir para falar mais devagar Responder Reforçar uma declaração Finalizar a conversa Desejar um bom fim de semana Expressar concordância	Verbos regulares terminados em **-er** no Infinitivo: Presente do Indicativo Verbo **ler**: Infinitivo Determinativos possessivos Preposição **em** e contração com os artigos definidos e indefinidos

Área temática e lexical	Atos de fala	Gramática
Terceira Unidade Partes do dia No hotel Refeições Meses do ano Numerais ordinais	Convidar alguém Agradecer e recusar um convite Expressar preferência Cumprimentar Despedir-se Apresentar alguém (formal) Expressar satisfação Expressar probabilidade Perguntar a alguém o que deseja Responder Pedir uma informação	Verbos regulares terminados em –**ir**: Presente do Indicativo Verbos terminados em –**ir** ligeiramente irregulares no Presente do Indicativo Verbo **ir**: Infinitivo Preposição **de** e contração com os artigos definidos e indefinidos

Área temática e lexical	Atos de fala	Gramática
Quarta Unidade Rotina diária Pequeno-almoço Movimentações Banco	Despedir-se Marcar um encontro Expressar concordância Reforçar uma declaração Fazer um pedido Confirmar Perguntar e dar direções Chamar a atenção de alguém	Verbos reflexos: Presente do Indicativo Posição do pronome reflexo na frase Verbos **fazer** e **ir**: Presente do Indicativo Futuro próximo: **ir** + **Infinitivo** Preposição **a** e contração com os artigos definidos e indefinidos

	Área temática e lexical	Atos de fala	Gramática
Quinta **Unidade**	Descrição física Profissões Estado civil Nacionalidades Estações do ano Climas Cores Horas	Inquirir sobre: estado civil, idade, aspeto físico, nacionalidade, naturalidade, profissão, domicílio, clima Responder	Verbos **ser** e **ter**: Presente do Indicativo Adjetivos: concordância, posição na frase, graus

	Área temática e lexical	Atos de fala	Gramática
Sexta **Unidade**	Atividades recreativas Estado do tempo Compartimentos da casa	Iniciar conversa telefónica Cumprimentar *(formal e informal)* Convidar Aceitar convite Despedir-se Avisar do perigo Expressar probabilidade	Verbo **estar**: Presente do Indicativo **Estar** + **a** + Infinitivo Locuções Prepositivas Preposição **com** + **pronomes pessoais**

	Área temática e lexical	Atos de fala	Gramática
Sétima **Unidade**	Fazer compras Lojas Nos correios Na sapataria Na pastelaria	Inquirir sobre preço Responder Fazer comentários sobre o preço Pedir uma informação Oferecer ajuda Pedir e dar permissão	Verbos **pôr**, **ver** e **poder**: Presente do Indicativo Pronomes e determinativos demonstrativos Formação do plural Diminutivos

	Área temática e lexical	Atos de fala	Gramática
Oitava **Unidade**	No aeroporto Tráfego na cidade	Pedir uma informação Confirmar Expressar concordância Expressar alívio Expressar satisfação Expressar impaciência Expressar incerteza	Verbos **sair, dizer, vir, trazer, ler, saber** e **dar**: Presente do Indicativo Dupla negativa Passado recente: **acabar** + **de** + **Infinitivo** Preposição **por** e contração com os artigos definidos e indefinidos

	Área temática e lexical	Atos de fala	Gramática
Nona **Unidade**	No hotel Na rua	Expressar indiferença Expressar concordância Expressar probabilidade Pedir algo emprestado Solicitar alguma coisa a alguém	Pretérito Perfeito dos verbos regulares terminados no Infinitivo em **–ar**, **–er** e **–ir** Pronomes pessoais: objeto direto e indireto

	Área temática e lexical	Atos de fala	Gramática
Décima **Unidade**	No restaurante Comidas e bebidas Louça e talheres	Expressar concordância Expressar indiferença Expressar desapontamento Expressar pesar Expressar resignação Pedir para repetir o que foi dito Inquirir sobre o signifi-cado de uma palavra	Pretérito Perfeito do Indicativo dos verbos: **ir, ser, trazer, pôr, vir, ver, fazer** e **dar**

	Área temática e lexical	Atos de fala	Gramática
Décima **Primeira** **Unidade**	Conversações telefónicas Na agência de aluguer de automóveis Na bomba de gasolina	Expressar surpresa Expressar satisfação Expressar desapontamento Expressar incerteza Inquirir sobre a saúde de alguém Responder Agradecer a Deus Despedir-se ao telefone	Pretérito Perfeito do Indicativo dos verbos: **ter, estar, querer, dizer, poder, saber** e **ler** Conjugação pronominal: alterações

	Área temática e lexical	Atos de fala	Gramática
Décima **Segunda** **Unidade**	Centro comercial: secções Comprar vestuário Tecidos, cores, padrões	Expressar contentamento Expressar probabilidade Expressar dúvida Expressar pesar Expressar indecisão Expressar uma opinião Oferecer ajuda Expressar concordância Enviar cumprimentos Responder	Futuro do Indicativo dos verbos Verbos irregulares no Futuro do Indicativo: **dizer, fazer** e **trazer** Conjugação dos verbos reflexos no Futuro do Indicativo **Haver** + **de** + **Infinitivo**

	Área temática e lexical	Atos de fala	Gramática
Décima Terceira Unidade	No médico Partes do corpo	Pedir a alguém para se identificar Pedir a alguém para se despachar Inquirir sobre o estado de saúde de um doente Inquirir sobre sintomas Expressar dor Expressar indisposição Dar instruções Dar conselhos	Imperativo: verbos regulares e irregulares - forma afirmativa e forma negativa Transformação do discurso direto em discurso indireto

	Área temática e lexical	Atos de fala	Gramática
Décima Quarta Unidade	Utilização de transportes públicos Descrição de lugares Descrição física Na esplanada	Pedir informações sobre pessoas, lugares e factos situados no passado Responder a pedidos de informações sobre pessoas, lugares e factos situados no passado	Pretérito Imperfeito do Indicativo Transformação do discurso direto em indireto Pretérito Imperfeito <> Pretérito Perfeito

	Área temática e lexical	Atos de fala	Gramática
Décima Quinta Unidade	Conversação telefónica Cuidados com a saúde O estado do tempo	Perguntar pela saúde de alguém Responder Expressar aprovação Expressar probabilidade Expressar irritação Expressar intenção Expressar obrigação	Pretérito Perfeito Composto Pretérito Mais-que-Perfeito Particípio Passado

	Área temática e lexical	Atos de fala	Gramática
Décima **Sexta** **Unidade**	Atividades académicas Futebol No museu	Expressar dúvida Expressar um desejo Expressar uma vontade Expressar receio Expressar pesar Expressar necessidade Fazer uma sugestão Oferecer hospitalidade a alguém Confirmar uma declaração Expressar concordância Inquirir sobre o significado de uma palavra Acalmar alguém Despedir-se	Presente do Conjuntivo dos verbos regulares e irregulares Presente do Indicativo dos verbos **crer** e **valer** Voz passiva

	Área temática e lexical	Atos de fala	Gramática
Décima **Sétima** **Unidade**	Encontro com amigos Projetos hipotéticos	Expressar compaixão Expressar probabilidade Formular hipótese de irrealidade Pedir opinião	Imperfeito do Conjuntivo dos verbos regulares e irregulares Transformação do discurso direto em indireto Condicional dos verbos

	Área temática e lexical	Atos de fala	Gramática
Décima **Oitava** **Unidade**	Cartas familiares Cartas comerciais Confirmação de passagem aérea	Expressar incerteza Formular hipótese de eventualidade Exprimir intenção	Futuro do Conjuntivo dos verbos regulares e irregulares

	Área temática e lexical	Atos de fala	Gramática
Décima **Nona** **Unidade**	Estabelecimentos comerciais Na bilheteira da estação de caminho de ferro Na estação	Expressar suposição Expressar apreciação Expressar surpresa Expressar prazer Expressar irritação Pedir permissão Pedir desculpa por um engano Responder Pedir opinião	Infinitivo pessoal Emprego do modo Infinitivo em vez do modo Conjuntivo Conjugação Perifrástica: **ter de** + **Infinitivo** **haver de** + **Infinitivo** **estar** + **Gerúndio**

	Área temática e lexical	Atos de fala	Gramática
Vigésima **Unidade**	Estabelecimentos de venda de produtos alimentares Produtos alimentares Recipientes Diferentes partes da casa	Interromper uma conversa Expressar ansiedade Expressar aplauso Expressar satisfação Felicitar Fazer um brinde	Gerúndio Pronomes relativos

A **TEXTO**   TEXTO   TEXTO   TEXTO

Oito horas da manhã. Em Lisboa, em frente da Estação do Rossio.

Jornalista - Bom dia. O meu nome é Mónica. Eu **trabalho** para o jornal
A *Semana*. Importa-se de responder a umas perguntas?

Sr. Morais - Faz favor...

Jornalista - O senhor, como se **chama**?
Sr. Morais - Eu **chamo-me** Artur Morais.

Jornalista - Onde é que o senhor **mora**?
Sr. Morais - (Eu) **Moro** em Sintra.

Jornalista - E onde é que (o senhor) **trabalha**?
Sr. Morais - **Trabalho** aqui em Lisboa.

Jornalista - Quantos transportes **apanha** para o trabalho?
Sr. Morais - **Apanho** três.

Jornalista - Quais?
Sr. Morais - **Apanho** o comboio, o metro e o autocarro.

B **TEXTO**

Jornalista – O senhor Morais **viaja** todos os dias de comboio?
Sr. Morais – Não. Aos sábados e domingos **fico** em Sintra porque não **trabalho**.

Jornalista – E **gosta** de viajar de comboio?
Sr. Morais – Não. **Detesto**.

Jornalista – O senhor **fuma**?
Sr. Morais – Não, não **fumo**.

Jornalista – Porque é que não **fuma**?
Sr. Morais – Não **fumo** porque fumar é mau para a saúde.

Jornalista – **Pratica** desporto?
Sr. Morais – Sim, **pratico** natação.

Jornalista – Muito obrigada.
Sr. Morais – Ora essa. Bom dia!

TEXTO

Duas horas da tarde. Em Lisboa, em frente do Instituto de Línguas Estrangeiras O Globo.

Jornalista – Olá! Boa tarde.
Carlos e Joana – Boa tarde.

Jornalista – Vocês como se **chamam**?
Carlos – Eu **chamo-me** Carlos.
Joana – E eu **chamo-me** Joana.

Jornalista – Onde é que vocês **moram**?
Joana – Nós **moramos** em Sintra.

Jornalista – Vocês **trabalham** em Lisboa?
Carlos – Não. Nós ainda não **trabalhamos**. Nós **estudamos** Línguas Estrangeiras e Informática.

Jornalista – Que línguas é que vocês **falam**?
Joana – Eu **falo** francês, espanhol e um pouco de italiano e o Carlos **fala** inglês e um pouco de alemão.

Jornalista *[sorrindo]* – E português...
Carlos – Com certeza!

Jornalista – Vocês **viajam** todos os dias de comboio?
Carlos – Não. Só às segundas, quartas e sextas-feiras. Às terças e quintas **ficamos** em Sintra para as aulas de Informática.

TEXTO   TEXTO   TEXTO   **D** **TEXTO**

Jornalista - Vocês **praticam** desporto?
Carlos - Sim, **praticamos**.

Jornalista - Que desportos é que vocês **praticam**?
Joana - Eu **jogo** ténis e o Carlos **joga** futebol. Ele também **nada** muito bem.

Jornalista - Então **gostas** muito de nadar, não é verdade?
Carlos - Sim, **gosto** imenso.

Jornalista - E vocês **gostam** de dançar?
Carlos - Não. Eu **detesto** dançar, mas a Joana **adora** dançar. Ela também **canta** e **toca** guitarra.

Jornalista - Ai sim? E (tu) **tocas** bem?
Joana - Assim, assim...

Jornalista - Adeus e obrigada.
Carlos e Joana - De nada. Tchau.

- Artigos definidos e indefinidos
- Pronomes pessoais
- Verbos regulares em **-ar**
- Atividade oral
- Forma interrogativa e negativa
- O que se diz para...
- Para além do texto

Artigos definidos e indefinidos

Artigos definidos

Eu trabalho para **o** jornal A Semana.

Eu estudo **a** língua portuguesa.

Os professores de Informática trabalham em Sintra.

As professoras de inglês trabalham em Lisboa.

Artigos indefinidos

Eu trabalho para **um** jornal.

Eu estudo **uma** língua estrangeira.

Uns professores trabalham em Sintra.

Umas professoras trabalham em Lisboa.

Género e Número

	Artigos definidos	
	Masculino	**Feminino**
Singular	**o** professor	**a** professora
Plural	**os** professores	**as** professoras

	Artigos indefinidos	
	Masculino	**Feminino**
Singular	**um** professor	**uma** professora
Plural	**uns** professores	**umas** professoras

Pronomes pessoais

Eu

Tu

Você / O senhor

A senhora / (Você)

Ele

Ela

Nós

Vocês / Os senhores

Vocês / As senhoras

Eles

Elas

Verbos regulares em -ar

Presente do Indicativo
FALAR

Eu	fal**o**	inglês.
Tu	fal**as**	espanhol.
Você / O Sr. / A Sra.	fal**a**	francês.
Ele / Ela	fal**a**	italiano.
Nós	fal**amos**	línguas estrangeiras.
Vocês / Os Srs. / As Sras.	fal**am**	muito.
Eles / Elas	fal**am**	pouco.

Atividade oral

Você fala inglês?	*Sim, (eu) falo.*	Não, (eu) não falo.
Tu falas inglês?	*Sim, (eu) falo.*	Não, (eu) não falo.
Ele / Ela fala inglês?	*Sim, (ele/ela) fala.*	Não, (ele/ela) não fala.
Vocês falam inglês?	*Sim, (nós) falamos.*	Não, (nós) não falamos.
Eles / Elas falam inglês?	*Sim, (eles/elas) falam.*	Não, (eles/elas) não falam.

O senhor mora em Sintra?	*Sim, moro.*	Não, não moro.
Tu gostas de nadar?	*Sim, gosto.*	Não, não gosto.
Ele trabalha todos os dias?	*Sim, trabalha.*	Não, não trabalha.
Vocês tocam guitarra?	*Sim, tocamos.*	Não, não tocamos.
Eles apanham o comboio?	*Sim, apanham.*	Não, não apanham.

NOTE BEM:

O Carlos e a Joana moram em Sintra.

FORMA INTERROGATIVA

O senhor fala Inglês?

Onde é que o senhor mora?

Onde é que mora?

Onde mora?

NO BRASIL DIZ-SE:

Onde o senhor/você mora?

O que se diz para...		Como se responde:
Saudar: [to greet / saluer / grüßen]	*Bom dia.* *Boa tarde.* *Olá! (informal)*	
Apresentar-se *(informal):* [to introduce oneself / se présenter / sich vorstellen]	*O meu nome é...* *Chamo-me...*	
Despedir-se: [to say goodbye / dire au revoir / sich verabschieden]	*Adeus!* *Tchau! (informal)*	
Agradecer: [to thank / remercier / sich bedanken]	*Obrigado. / Obrigada.*	*De nada. / Ora essa.*
Pedir um favor: [to ask a favour / demander une faveur / um einen Gefallen bitten]	*Importa-se de... (formal)*	*Faz favor...*
Perguntar o nome de alguém: [to ask someone's name / demander le nom de quelqu'un / fragen wie jemanden heiß]	*Como se chama?*	*Chamo-me...*
Inquirir sobre gostos: [likes / goûts / Geschmäcke]	*Gosta?*	*Sim, gosto. /* *Não, não gosto.*
Expressar surpresa: [surprise / surprise / Überraschung]	*Ai sim?*	
Certificar-se: [to make sure of / s'assurer / sich versichern]	*Não é verdade?*	
Pedir para identificar: [to identify / identifier / identifizieren]	*Quais?*	
Indicar quantidade: [quantity / quantité / Quantität]	*Quantos transportes apanha?*	*Apanho <u>três</u>.*
Indicar intensidade: [intensity / intensité / Intensität]	*Gosto muito/ imenso.*	
Indicar modo: [manner / manière / Art]	*Tocas bem?* *Ele nada muito bem.*	*Toco assim, assim.*
Indicar frequência: [frequence / fréquence / Häufigkeit]	*Todos os dias.* *Às segundas-feiras...*	
Situar no tempo: [time / temps / Zeit]	*Oito horas da manhã.* *Duas horas da tarde.*	
Localizar no espaço: [space / lieu / Platz; Raum]	*Em Lisboa. / Em Sintra.* *Em frente da Estação.* *Trabalho aqui.*	

O senhor Morais **trabalha** muito. Ele é **trabalhador**.

O senhor Morais não **fuma**. Ele não é **fumador**.

O Carlos **joga** futebol. Ele é **jogador** de futebol.

O jornalista **fala** muito. Ele é **falador**.

A Cesária Évora **canta** bem. Ela é uma excelente **cantora**.

Que línguas falam?

Ele é sueco.	Ele fala **sueco**.
Ele é norueguês.	Ele fala **norueguês**.
Ele é dinamarquês.	Ele fala **dinamarquês**.
Ele é polaco.	Ele fala **polaco**.
Ele é russo.	Ele fala **russo**.
Ele é finlandês.	Ele fala **finlandês**.

Que dia é hoje?

	domingo.
	segunda-feira.
	terça-feira.
Hoje é	quarta-feira.
	quinta-feira.
	sexta-feira.
	sábado.

O barco

O elétrico

O avião

O / Um carro

O / Um computador

O / Um telemóvel

Os / Uns livros

O / Um relógio

O / Um guarda-chuva

O / Um papel

O / Um lápis

Os / Uns óculos

Os / Uns sapatos

O / Um vestido

O / Um casaco

A / Uma casa

As / Umas chaves

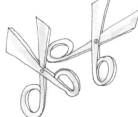

As / Umas tesouras

A / Uma caneta

A / Uma mesa

A / Uma gaveta

A / Uma caixa

A / Uma pasta

A / Uma mala

A / Uma camisa

A / Uma blusa

A / Uma gravata

A TEXTO TEXTO TEXTO TEXTO

Em Sintra, em frente do Palácio da Pena:

Jornalista - Desculpe, minha senhora. O meu nome é Paulo de Castro. Eu trabalho para o jornal *O Mundo*. Importa-se de responder a umas perguntas?
D. Luísa - Faz favor...

Jornalista - A senhora como se chama?
D. Luísa - Eu chamo-me Luísa Morais.

Jornalista - Onde **vive**?
D. Luísa - **Vivo** aqui em Sintra com o meu marido, com o meu filho e com a minha filha.

Jornalista - Como se chamam os seus filhos?
D. Luísa - O meu filho chama-se Carlos e a minha filha chama-se Joana.

Jornalista - E como se chama o seu marido?
D. Luísa - O meu marido chama-se Artur Morais.

B **TEXTO**

Jornalista – Onde **vive** a sua família?

D. Luísa – O meu avô e a minha avó **vivem** no Algarve com os meus pais. Os meus irmãos **vivem** nos Estados Unidos e as minhas irmãs **vivem** na África do Sul. A irmã do meu marido **vive** no Brasil.

Jornalista – Ai sim? E ela gosta do Brasil?

D. Luísa – Claro que gosta! O Brasil é um país muito grande e muito bonito.

Jornalista – E a dona Luísa gosta de viajar?

D. Luísa – Sim, gosto imenso! Eu e o meu marido viajamos muito.

Jornalista – Que países **conhecem**?

D. Luísa – Eu **conheço** Moçambique, a África do Sul e os Estados Unidos. O meu marido **conhece** Angola, o Brasil e as ilhas Canárias.

[Enquanto dona Luísa fala, o jornalista *escreve* as respostas num papel. Dona Luísa fala muito depressa.]

Jornalista – Desculpe... Não se importa de falar mais devagar?

D. Luísa – Com certeza... Desculpe!

Jornalista – Não tem importância.

Jornalista – Onde é que vocês costumam passar as férias de verão?
D. Luísa – Nós costumamos passar as férias no Algarve com o resto da família: pais, avós, tios e tias, primos e primas.

Jornalista *[sorrindo]* – Então **comem** muitas sardinhas, não é verdade?
D. Luísa – Sim, **comemos**. Eu adoro sardinhas assadas com pimentos assados.
Jornalista – E também **bebem** vinho verde, não **bebem**?
D. Luísa – O meu marido **bebe**, mas eu não **bebo**.

Jornalista *[admirado]* – Porque é que a senhora não **bebe**?
D. Luísa – Eu não **bebo** porque eu não gosto de bebidas alcoólicas.

Jornalista – Então o que **bebe**?
D. Luísa – **Bebo** água mineral, ou sumo de laranja, ou um refrigerante.

 **D** **TEXTO**

Jornalista - Qual é o seu passatempo favorito?
D. Luísa - Gosto muito de ler e de navegar na Internet.

Jornalista - Última pergunta: a senhora fala inglês?
D. Luísa - Eu não falo muito bem, mas **percebo** um pouco.

Jornalista - E o seu marido?
D. Luísa - O meu marido fala bem e **percebe** bem.

Jornalista - E os seus filhos?
D. Luísa - O meu filho fala bem, mas a minha filha fala melhor francês.

Jornalista - É tudo. Muito obrigado e bom fim de semana.
D. Luísa - Igualmente.

- Verbos regulares em **-er**
- Atividade oral
- Pronomes e determinativos possessivos
- Preposição **em**
- O que se diz para...
- Para além do texto

Verbos regulares em -er

Presente do Indicativo
BEBER

Eu	bebo	água.
Tu	bebes	vinho.
Você / O Sr. / A Sra.	bebe	sumo.
Ele / Ela	bebe	cerveja.
Nós	bebemos	chá.
Vocês / Os Srs. / As Sras.	bebem	café.
Eles / Elas	bebem	leite.

Atividade oral

Você bebe água?	Sim, (eu) bebo.	Não, não bebo.
Tu bebes vinho?	Sim (eu) bebo.	Não, não bebo.
Ele / Ela bebe sumo?	Sim, (ele/ela) bebe.	Não, não bebe.
Vocês bebem cerveja?	Sim, (nós) bebemos.	Não, não bebemos.
Elas bebem chá?	Sim, (elas) bebem.	Não, não bebem.

O senhor vive em Portugal?	Sim, vivo.	Não, não vivo.
Tu conheces Angola?	Sim, conheço.	Não, não conheço.
Ela percebe português?	Sim, percebe.	Não, não percebe.
Vocês escrevem depressa?	Sim, escrevemos.	Não, não escrevemos.
Elas comem sardinhas?	Sim, comem.	Não, não comem.

Pronomes e Determinativos Possessivos

Atividade oral

– Dona Luísa, onde vive **o seu** pai?	– Carlos, onde vive **o teu** pai?
– O meu pai vive no Algarve.	– **O meu** pai vive em Sintra.
– Dona Luísa, onde vive **a sua** mãe?	– Carlos, onde vive **a tua** mãe?
– **A minha** mãe vive no Algarve.	– **A minha** mãe vive em Sintra.
– Dona Luísa, onde vivem **os seus** primos.	– Carlos, onde vivem **os teus** primos?
– **Os meus** primos vivem em Angola.	– **Os meus** primos vivem em Angola.
– Dona Luísa, onde vivem **as suas** primas?	– Carlos, onde vivem **as tuas** primas?
– **As minhas** primas vivem no Brasil.	– **As minhas** primas vivem no Brasil.

Um possuidor:

	Nome masculino singular	Nome feminino singular	Nome masculino plural	Nome feminino plural
1.ª Pessoa	**O meu** pai	**A minha** mãe	**Os meus** primos	**As minhas** primas
2.ª Pessoa informal	**O teu** pai	**A tua** mãe	**Os teus** primos	**As tuas** primas
2.ª Pessoa formal	**O seu** pai	**A sua** mãe	**Os seus** primos	**As suas** primas

meu pai	**seu** pai
minha mãe	**sua** mãe
meus filhos	**seus** filhos
minhas filhas	**suas** filhas

Nomes de Países

	Masculino	Feminino
Portugal	o Brasil	a França
Angola	o Japão	a Alemanha
Moçambique	o Iraque	a Itália
Cabo Verde	o Sudão	a Inglaterra
		a Namíbia
São Tomé	o Senegal	a China
Timor	o Luxemburgo	a Guiné

os Estados Unidos	as (ilhas) Seicheles
os Países Baixos	as (ilhas) Filipinas

- Os artigos definidos o, a, os, as, são usados antes dos nomes de países para indicar o género (masculino ou feminino) e o número (singular ou plural).
- Portugal e ex-colónias, com exceção da Guiné, são neutros.

Nomes de Cidades

Lisboa São Paulo Londres Nova Iorque	é uma cidade muito bonita.

Com nomes de cidades o artigo é omitido.

O Porto / O Rio de Janeiro / A Cidade da Praia / A Cidade do Cabo

O Rio de Janeiro é uma cidade muito bonita.

Preposição em

Ele vive **em** Portugal.

Elas vivem **no** Brasil.

Eles vivem **na** Alemanha.

Elas vivem **nos** Estados Unidos.

Elas vivem **nas** ilhas Seicheles.

A preposição **em** quando seguida dos artigos definidos **o**, **a**, **os**, **as** toma as formas **no**, **na**, **nos**, **nas**.

Ele trabalha **num** banco.

Ela trabalha **numa** embaixada.

Eles trabalham **nuns** escritórios.

Elas trabalham **numas** agências.

A preposição **em** quando seguida dos artigos indefinidos **um**, **uma**, **uns**, **umas** toma as formas **num**, **numa**, **nuns**, **numas**.

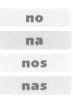

Que....?

Que países conhece?

Que línguas fala?

Que desportos pratica?

Que transportes apanha?

que + nome

O que é que...?/ O que...?/ Que...?

O que é que (você) bebe?/

O que bebe? / Que bebe?

O que é que (tu) queres?/

O que queres? / Que queres?

o que é que + (pronome) + verbo
o que + verbo
que + verbo

Muito

O Brasil é um país **muito** bonito.

Ela fala **muito** depressa.

Nós viajamos **muito**.

Eu gosto **muito** de nadar.

muito + adjetivo
muito + advérbio
verbo + muito

Muito / Muita / Muitos / Muitas

Ele bebe **muito** vinho.

Ela bebe **muita** água.

Nós bebemos **muitos** sumos.

Eles bebem **muitas** cervejas.

muito + nome masc. sing.
muita + nome fem. sing.
muitos + nome masc. pl.
muitas + nome fem. pl.

Formas de tratamento

Nome	Título
Artur Morais	Senhor Morais Senhor Artur (Morais)
Luísa Morais	Dona Luísa Senhora dona Luísa (Morais)

O que se diz para...		Como se responde:
Iniciar comunicação:	*Desculpe...*	*Faz favor...*
Pedir desculpa: [apologise / demander pardon / sich entschuldigen]	*Desculpe...*	*Não tem importância.*
Pedir para falar mais devagar:	*Não se importa de falar mais devagar?*	*Com certeza.*
Reforçar uma declaração: [to reinforce a statement / renforcer une affirmation / eine Aussage unterstreichen]	*Comem, não comem? Bebem, não bebem?*	*Sim, comemos. Sim, bebemos.*
Expressar concordância: [agreement / accord / Zustimmung]	*Claro que gosto!*	
Finalizar a conversa: [to end the conversation / terminer la conversation / ein Gespräch beenden]	*É tudo.*	
Desejar um bom fim de semana: [to wish a nice weekend / souhaiter un bon week-end / ein schönes Wochenende wünschen]	*Bom fim de semana.*	*Obrigado/a. Igualmente.*
Indicar uma ação frequente: [frequent action / action fréquente / Häufige Handlung]	*Costumamos passar as férias no Algarve.* (Costumar + Infinitivo)	
Indicar posse: [ownership / possession / Besitz]	*o meu / a minha / o teu / a tua / o seu / a sua...*	
Indicar quantidade:	*Comem muitas sardinhas. Bebem muitos sumos.*	
Indicar modo:	*Fala bem inglês. Fala melhor francês.*	
Indicar dimensão:	*O Brasil é um país muito grande.*	
Indicar simultaneidade:	*Enquanto ela fala...*	
Localizar no espaço:	*No Brasil. / Na África do Sul. / Nos Estados Unidos. / Nas Canárias. Ele escreve num papel.*	

O jornal chama-se *O Mundo*.
O Campeonato **Mundial** de Futebol é no ano 2014.

Boa **viagem**!
Eles gostam muito de **viajar**.

Ele escreve as respostas num **papel**.
A **papelaria** é em frente da estação.

Ele **bebe** muito vinho.
Ele gosta de **bebidas** alcoólicas.
Ele é **bêbado**.

Ela gosta de **comer** sardinhas.
Ela gosta da **comida** portuguesa.
Ele é **comilão**.

Eu costumo **navegar** na Internet.
Vasco da Gama foi um grande **navegador** português.

Morar / Viver

Eles **moram** num apartamento.

Eles **moram** na Rua Vasco da Gama.

Eles **moram** / **vivem** em Lisboa.

Eles **vivem** em Portugal.

cerveja

chá

café

A **TEXTO** TEXTO TEXTO TEXTO

O senhor Morais precisa de ir ao Porto para assistir a um congresso.
A dona Luísa gosta muito da cidade do Porto e, por isso, decide ir com ele.

D. Luísa [dirigindo-se aos seus filhos] - Carlos e Joana, vocês querem ir connosco ao Porto passar uns dias ou preferem ficar com os vossos amigos e com as vossas amigas?

Carlos - Preferimos ficar aqui com os nossos amigos e com as nossas amigas.

Joana - E quando é que partem?
D. Luísa - Partimos amanhã.

Joana - De manhã ou à tarde?
D. Luísa - Partimos de manhã e paramos em Coimbra para visitar a Universidade.

Carlos - Então almoçam em Coimbra?
D. Luísa - Sim, almoçamos.

Joana - E também dormem lá?
D. Luísa - Não. Dormimos no Porto.

Carlos - Quanto tempo ficam lá?
D. Luísa - Talvez uma semana. Devemos voltar no sábado à noite ou no domingo de manhã.

B **TEXTO**

No dia seguinte de manhã cedo:

D. Luísa e Sr. Morais - Adeus meninos. Até breve!
Joana - Adeus. Boa viagem!
Carlos - Divirtam-se!

D. Luísa - E vocês portem-se bem, está bem?
Carlos [*piscando o olho a Joana*] - Com certeza... Não se preocupem!

Durante a viagem, dona Luísa e o seu marido conversam, riem e ouvem música.

Eles também discutem um pouco um com o outro porque a dona Luísa acha que o senhor Morais conduz muito depressa.

Chegam ao Porto por volta das 7 horas da noite.

C TEXTO

O senhor Morais estaciona o carro em frente do Hotel Bela Vista e ele e a sua esposa dirigem-se à receção.
O senhor Morais conhece muito bem a rececionista do hotel, mas a dona Luísa não a conhece.

Sr. Morais – Boa noite, senhora dona Carla. Como está?
D. Carla – Estou bem, muito obrigada. E o senhor Morais?

Sr. Morais – Também estou bem, obrigado.
[Apresentando a sua esposa] – Apresento-lhe a minha mulher.

D. Luísa *[estendendo a mão]* – Luísa Morais.
D. Carla *[apertando a mão de D. Luísa]* – Carla Reis. Prazer em conhecê-la.
D. Luísa – Igualmente.

Sr. Morais *[dirigindo-se à rececionista]* – Há quartos vagos?
Rececionista – Há sim. Há um quarto de casal no 4º andar com casa de banho privativa e com uma bela vista para o rio Douro.

D. Luísa – Ótimo! Gosto imenso de ver os barcos a atravessar o rio!

 **D** **TEXTO**

O senhor Morais preenche a ficha de registo e entrega-a à rececionista.

Rececionista [entregando a chave do quarto] – A vossa chave. É o quarto 404.

D. Luísa recebe a chave e pergunta à rececionista:

D. Luísa – Podia dizer-me a que horas começam a servir o pequeno-almoço?
Rececionista – Começamos a servir às 6 horas da manhã.

Sr. Morais – E até que horas **servem**?
Rececionista – **Servimos** até às 10 horas. O restaurante é aqui no rés do chão.

D. Luísa – Obrigada. Até amanhã.
Rececionista – Até amanhã. Durmam bem.

Quando chegam ao quarto, dona Luísa e o seu marido tomam um duche e, antes do jantar, sobem ao terraço do hotel para tomar um aperitivo.

No terraço do hotel:

Empregado – Que desejam tomar?
D. Luísa – Um vinho do Porto.
Sr. Morais – Para mim também.

- Verbos regulares em **-ir**
- Atividade oral
- Pronomes e determinativos possessivos
- Preposição **de**
- O que se diz para...
- Para além do texto

Verbos regulares em **-ir**

Presente do Indicativo
ABRIR

Eu	abr**o**	a porta.
Tu	abr**es**	a janela.
Você / O Sr. / A Sra.	abr**e**	a gaveta.
Ele / Ela	abr**e**	o armário.
Nós	abr**imos**	a mala.
Vocês / Os Srs. / As Sras.	abr**em**	o saco.
Eles / Elas	abr**em**	a caixa.

Atividade oral

Você abre a janela?	*Sim, (eu) abro.*	Não, não abro.
Tu abres a porta?	*Sim, (eu) abro.*	Não, não abro.
Ele abre a gaveta?	*Sim, (ele) abre.*	Não, não abre.
Vocês abrem o saco?	*Sim, (nós) abrimos.*	Não, não abrimos.
Eles abrem a mala?	*Sim, (eles) abrem.*	Não, não abrem.

O senhor parte amanhã?	*Sim, parto.*	Não, não parto.
Tu conduzes devagar?	*Sim, conduzo.*	Não, não conduzo.
Ele ouve música?	*Sim, ouve.*	Não, não ouve.
Vocês dormem bem?	*Sim, dormimos.*	Não, não dormimos.
Eles assistem a congressos?	*Sim, assistem.*	Não, não assistem.

Verbos terminados em **-ir** no Infinitivo, irregulares na primeira pessoa do Presente do Indicativo: **Eu**

Você pref**e**re chá ou café?
Eu pref**i**ro café.

Tu d**o**rmes bem?
Sim, eu d**u**rmo bem.

O senhor ou**v**e música?
Sim, eu **ouço** música.

A senhora s**e**rve o pequeno-almoço?
Sim, eu s**i**rvo.

NOTE BEM:

Os verbos **rir**, **subir** e **sair** apresentam mais irregularidades.

	Eu	Tu	Você	Ele/Ela	Nós	Vocês	Eles/Elas
Rir	rio	ris	ri	ri	rimos	riem	riem
Subir	subo	sobes	sobe	sobe	subimos	sobem	sobem
Sair	saio	sais	sai	sai	saímos	saem	saem

Verbo impessoal Haver

Há quartos vagos?   Sim, **há**. (**Há** sim)   Não, não **há**.

Precisar + de (do/da/dos/das)

Eu preciso **de** ir ao Porto.
Ele precisa **do** carro/**da** caneta.

Começar + a + Infinitivo

A que horas começam **a** servir o pequeno-almoço?

Dever + Infinitivo

Eu devo partir amanhã.
Eles devem chegar hoje.

Pronomes e determinativos possessivos

- Carlos e Joana, onde é que **o vosso** amigo Mário vive?
- **O nosso** amigo Mário vive em Sintra.

- Carlos e Joana, onde é que **a vossa** amiga Sofia vive?
- **A nossa** amiga Sofia vive em Sintra.

- Carlos e Joana, onde é que **os vossos** amigos e **as vossas** amigas vivem?
- **Os nossos** amigos e **as nossas** amigas vivem em Sintra.

3

Mais de um possuidor:

	Nome masculino singular	Nome feminino singular	Nome masculino plural	Nome feminino plural
1.ª Pessoa	**O nosso** amigo	**A nossa** amiga	**Os nossos** amigos	**As nossas** amigas
2.ª Pessoa	**O vosso** amigo	**A vossa** amiga	**Os vossos** amigos	**As vossas** amigas

O Carlos vive em Sintra com **o seu** pai e com **a sua** mãe.
[*O Carlos vive em Sintra com o pai **dele** e com a mãe **dele**.*]

A Joana vive em Sintra com **o seu** pai e com **a sua** mãe.
[*A Joana vive em Sintra com o pai **dela** e com a mãe **dela**.*]

O Carlos e o Mário ficam em Sintra com **os seus** amigos e com **as suas** amigas.
[*O Carlos e o Mário ficam em Sintra com os amigos **deles** e com as amigas **deles**.*]

A Joana e a Sofia ficam em Sintra com **os seus** amigos e com **as suas** amigas.
[*A Joana e a Sofia ficam em Sintra com os amigos **delas** e com as amigas **delas**.*]

Um possuidor ou mais de um possuidor:

	Nome masculino singular	Nome feminino singular	Nome masculino plural	Nome feminino plural
3.ª Pessoa	**O seu** amigo Ou: o amigo deles/delas	**A sua** amiga Ou: a amiga deles/delas	**Os seus** amigos Ou: os amigos deles/delas	**As suas** amigas Ou: as amigas deles/delas

Preposição de

Lisboa é a capital **de** Portugal.

Brasília é a capital **do** Brasil.

Londres é a capital **da** Inglaterra.

Washington é a capital **dos** Estados Unidos.

Manila é a capital **das** ilhas Filipinas.

A preposição **de** quando seguida dos artigos definidos **o**, **a**, **os**, **as**, toma as formas **do**, **da**, **dos**, **das.**

Ela é rececionista dum hotel.

Ela é rececionista duma embaixada.

Ela é rececionista duns escritórios.

Ela é rececionista dumas agências.

A preposição **de** quando seguida dos artigos indefinidos **um**, **uma**, **uns**, **umas**, toma as formas **dum**, **duma**, **duns**, **dumas**.

NOTE BEM:

As formas não contraídas (**de um**, **de uma**, **de uns**, **de umas**) também são corretas.

de + o / a / os / as	do da dos das

de + um / uma uns / umas	dum duma duns dumas

O que se diz para...		Como se responde:
Convidar: [to invite / inviter / einladen]	Querem ir connosco?	Sim, queremos. Não, não queremos.
Despedir-se:	Até breve! Até amanhã.	
Expressar satisfação:	Ótimo!	
Expressar preferência:	Preferimos ficar.	
Cumprimentar (formal): [to greet / saluer / begrüssen]	Como está?	Estou bem, obriga-do/a. E você / o se-nhor / a senhora?
Perguntar a alguém o que quer: [inquiring about what someone wants / demander à une personne ce qu'elle veut / jemanden fragen was er will]	O que deseja? (formal)	Quero... / Queria...
Apresentar alguém (formal):	Apresento... (+título + nome)	Prazer em conhecê--lo/la.
Pedir uma informação: [to ask for an information / demander une information / um eine Information bitten]	Podia dizer-me...	
Expressar probabilidade: [probability / probabilité / Wahrscheinlichkeit]	Talvez uma semana. Devemos voltar no sábado. (Dever + Infinitivo)	
Indicar finalidade: [purpose / but / Ziel, Zweck]	... para visitar a Universidade. ... para tomar um aperitivo.	
Indicar destino: [destination / destination / Ziel]	Partimos para o Porto.	
Localizar no espaço:	Em Coimbra. / No Porto. Dormem lá? No rés do chão. /No 4º andar. Sobem ao terraço.	
Situar no tempo:	Amanhã. De manhã. / À tarde. / À noite. No dia seguinte. Cedo. Antes do jantar. Por volta das sete horas... A que horas? Até que horas? Quanto tempo...? Quando voltam?	

Hotel Bela Vista

Ficha de registo

Apelido / Sobrenome – Silva Morais

Nomes próprios – Artur Alberto

Data de nascimento – 15 de setembro de 1955

Local de nascimento – Lisboa

Bilhete de Identidade – 5583354

Nacionalidade – Portuguesa

Profissão – Funcionário Público

Estado civil – Casado

Endereço permanente – Rua das Janelas Verdes, n.º 20 r/c – Sintra

Títulos

Senhor/a Doutor/a

Senhor/a Engenheiro/a

Senhor/a Arquiteto/a

Senhor/a Diretor/a

Senhor/a Presidente

Senhor/a Ministro/a

Senhor/a Embaixador/a

Senhora Embaixatriz

Senhor Cônsul

Senhora Consulesa

JANEIRO
FEVEREIRO
MARÇO
ABRIL
MAIO
JUNHO
JULHO
AGOSTO
SETEMBRO
OUTUBRO
NOVEMBRO
DEZEMBRO

NUMERAIS ORDINAIS

Janeiro é o **primeiro** mês do ano.

Fevereiro é o **segundo** mês do ano.

Março é o **terceiro** mês do ano.

Abril é o **quarto** mês do ano.

Maio é o **quinto** mês do ano.

Junho é o **sexto** mês do ano.

Julho é o **sétimo** mês do ano.

Agosto é o **oitavo** mês do ano.

Setembro é o **nono** mês do ano.

Outubro é o **décimo** mês do ano.

Novembro é o **décimo primeiro** mês do ano.

Dezembro é o **décimo segundo** mês do ano.

A TEXTO

Dona Luísa e o seu marido _sentem-se_ muito cansados por causa da viagem; por isso, depois do jantar, voltam para o quarto e _deitam-se_ imediatamente.

D. Luísa *[dirigindo-se ao seu marido]* - Artur, a que horas te levantas amanhã?
Sr. Morais - Levanto-me às 6 horas porque preciso de fazer a barba. E tu?
D. Luísa - Eu levanto-me mais tarde.

No dia seguinte, às 6 horas da manhã, o despertador toca.
O senhor Morais acorda, _levanta-se_, _lava-se_, faz a barba, _veste-se_ e _calça-se_.

Um pouco mais tarde, ele e a dona Luísa descem ao rés do chão para tomar o pequeno-almoço.

B TEXTO

Eles <u>sentam-se</u> a uma mesa e o empregado <u>aproxima-se</u>.

Empregado – Bom dia. Que desejam?
D. Luísa – Eu quero uma chávena de café com leite e ovos mexidos com presunto.

Empregado *[dirigindo-se ao senhor Morais]* – E para si?
Sr. Morais – Para mim, ovos estrelados com salsichas e uma torrada sem manteiga.

Empregado – E para beber?
Sr. Morais – Um galão morno.

Quando acabam de tomar o pequeno-almoço, o senhor Morais e a dona Luísa <u>despedem-se</u> um do outro.

Sr. Morais – Onde **vais**?
D. Luísa – **Vou** à Baixa. **Vou** primeiro ao banco levantar dinheiro e depois **vou** aos correios comprar selos. Também quero ir às lojas fazer umas compras.

Sr. Morais – **Vais** de autocarro?
D. Luísa – Não. **Vou** a pé. Eu gosto de andar. E tu, com quem **vais** almoçar?
Sr. Morais – **Vou** almoçar com os meus colegas.

D. Luísa – **Vão** almoçar num restaurante?
Sr. Morais – Sim, **vamos**.

D. Luísa – E onde é que <u>nos encontramos</u>?
Sr. Morais – <u>Encontramo-nos</u> aqui no hotel.

D. Luísa – Está bem. Então até logo.
Sr. Morais – Até logo. Diverte-te!
D. Luísa – Tu também.

C **TEXTO**

A dona Luísa não conhece muito bem aquela área; por isso, ela entra numa livraria e pergunta à empregada:

D. Luísa – Desculpe, pode dizer-me como se **vai** para o Banco Nacional?
Empregada – A senhora **vai** a pé?

D. Luísa – **Vou** sim. Não é muito longe, pois não?
Empregada – Não. É perto. Leva talvez uns 10 minutos a chegar lá.
Olhe, a senhora segue sempre em frente e vira na segunda rua à esquerda.
Continua em frente até chegar a um cruzamento com semáforos.
Aí, volta à direita... e pronto! O banco fica mesmo à esquina.

D. Luísa – Obrigada.
Empregada – Não tem de quê.

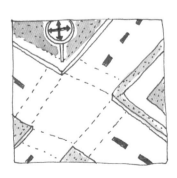

D **TEXTO**

No banco:

Mesmo à entrada do banco há uma máquina com senhas. Dona Luísa retira uma senha e aguarda um pouco. O número da senha é o 76. Quando chega a sua vez, ela dirige-se ao balcão.

D. Luísa - Desejava cobrar uns cheques de viagem.
Empregado - Não se importa de assinar os cheques e mostrar-me o seu bilhete de identidade, por favor.

O empregado confere a assinatura de dona Luísa e entrega-lhe uma chapa metálica com o número 67.

Empregado - Por favor, dirija-se ao balcão número dois e aguarde na fila.

Quando ouve chamar o seu número dona Luísa _aproxima-se_ da caixa.

Na caixa:

Empregado - Como deseja o dinheiro?
D. Luísa - Desejava metade em notas de cem euros e o resto em moedas de cinquenta cêntimos e de um euro.

Empregado [entregando o dinheiro] - Faça favor de conferir.
D. Luísa [depois de conferir] - Está certo. Muito obrigada.

Empregado - Sempre às ordens!

- Verbos reflexos
- Atividade oral
- Posição dos pronomes reflexos na frase
- Verbos irregulares: fazer, ir
- Preposição a
- O que se diz para...
- Para além do texto

Verbos reflexos

Presente do Indicativo
LAVAR-SE

Eu	lavo-**me**
Tu	lavas-**te**
Você / O Sr. / A Sra.	lava-**se**
Ele / Ela	lava-**se**
Nós	*lavamo-**nos**
Vocês / Os Srs. / As Sras.	lavam-**se**
Eles / Elas	lavam-**se**

NOTE BEM:

* Nós lavamo(s)-nos > **lavamo-nos**

Atividade oral

Você lava-se todos os dias?	Sim, (eu) lavo-me.	Não, não me lavo.
Tu lavas-te...	Sim, (eu) lavo-me.	Não, não me lavo.
Ele lava-se...	Sim, (ele) lava-se.	Não, não se lava.
Vocês lavam-se...	Sim, (nós) lavamo-nos.	Não, não nos lavamos.
Elas lavam-se...	Sim, (elas) lavam-se.	Não, não se lavam.

A senhora levanta-se cedo?	Sim, (eu) levanto-me.	Não, não me levanto.
Tu deitas-te tarde?	Sim, (eu) deito-me.	Não, não me deito.
Ele veste-se no quarto?	Sim, (ele) veste-se.	Não, não se veste.
Vocês sentem-se bem?	Sim, (nós) sentimo-nos.	Não, não nos sentimos.
Eles encontram-se no café?	Sim, (eles) encontram-se.	Não, não se encontram.

Posição dos pronomes reflexos na frase

Depois do verbo:

Eu lavo-**me** todos os dias.

Tu levantas-**te** cedo.

Você deita-**se** tarde.

Ele veste-**se** no quarto.

Nós encontramo-**nos** no café.

Vocês sentam-**se** à mesa.

Eles sentem-**se** bem.

Antes do verbo:

Onde é que eu **me** sento?

A que horas (tu) **te** levantas?

Como **se** chama?

A que horas é que ele **se** deita?

Quando é que nós **nos** encontramos?

Como é que vocês **se** sentem?

Onde é que eles **se** sentam?

Eu **não** **me** levanto cedo.

Tu **não** **te** deitas tarde.

Você **não** **se** lava.

Ela **não** **se** veste no quarto.

Nós **não** **nos** calçamos.

Elas **não** **se** sentam à mesa.

Eles **não** **se** sentem bem.

No Brasil diz-se:

Como **se** chama?
*Eu **me** chamo Luísa.
Eu não **me** chamo Maria.

*No português falado no Brasil, os pronomes reflexos (**me**, **te**, **se**, **nos**, **se**) colocam-se sempre antes do verbo.

Verbos terminados em –**ir** no Infinitivo, irregulares na primeira pessoa do Presente do Indicativo: **Eu**.

	Eu
sentir-se	sinto-me
vestir-se	visto-me
despedir-se	despeço-me
seguir	sigo
conferir	confiro

74

Verbos irregulares

Presente do Indicativo
FAZER

Eu	faço	compras.
Tu	fazes	o trabalho de casa.
Você / O Sr. / A Sra.	faz	os exercícios.
Ele	faz	a barba.
Ela	faz	dieta.
Nós	fazemos	o almoço.
Vocês / Os Srs. / As Sras.	fazem	o jantar.
Eles / Elas	fazem	ginástica.

IR

Eu	vou	a Portugal.
Tu	vais	ao Brasil.
Você / O Sr. / A Sra.	vai	à farmácia.
Ele / Ela	vai	aos correios.
Nós	vamos	às lojas.
Vocês / Os Srs. / As Sras.	vão	de carro.
Eles / Elas	vão	fazer compras.

Futuro próximo

- O que **vai beber**?

- **Vou beber** um café.

- Onde é que vocês **vão dormir**?

- **Vamos dormir** no Porto.

- Onde é que eles **vão encontrar-se**?

- Eles **vão encontrar-se** no hotel.

Presente do Indicativo do verbo **ir** + **Infinitivo** do verbo principal
= Futuro próximo

Preposição a

a	ao	à	aos	às
Eu vou **a** Portugal.	Eu vou **ao** Brasil.	Eu vou **à** África do Sul.	Eu vou **aos** Estados Unidos.	Eu vou **às** Canárias.
Eu vou **a** pé.	Eu vou **ao** banco.	Eu vou **à** livraria.	Eu vou **aos** correios.	Eu vou **às** lojas.
Ele chega amanhã **a** Lisboa.	Ele chega amanhã **ao** Rio de Janeiro.	Ele chega amanhã **à** Cidade do Cabo.	Ele chega amanhã **aos** Açores.	Ele chega amanhã **às** Bermudas.

A preposição **a** quando seguida dos artigos definidos **o, a, os, as**, toma as formas **ao, à, aos, às**.

NOTE BEM:

ir <u>a</u> + local (vou a casa) ⟶ curto período de tempo
ir <u>para</u> + local (vou para casa) ⟶ longo período de tempo

lhe / lhes

Ela entrega os cheques <u>ao empregado</u>.

Ela entrega os cheques <u>à empregada</u>.

Ela entrega-<u>lhe</u> os cheques.

Ela entrega os cheques <u>aos empregados</u>.

Ela entrega os cheques <u>às empregadas</u>.

Ela entrega-<u>lhes</u> os cheques.

O que se diz para...		Como se responde:
Despedir-se:	Até logo.	
Marcar um encontro: [to meet at a rendez-vous / prendre un rendez-vous / ein Treffen vereinbaren]	Encontramo-nos no hotel.	
Expressar concordância:	Está bem!	
Reforçar uma declaração:	Não é longe, <u>pois não</u>?	Não, não é.
Perguntar a direção:	Como se vai para...	(Você) Segue em frente. / Vira à direi- ta / à esquerda.
Chamar a atenção de alguém: [to call someone's attention / attirer l'attention de quelqu'un / jemanden um Aufmerksamkeit bitten]	Olhe...	
Fazer um pedido (formal): [to request something / demander quelque chose / eine Bitte formulieren]	<u>Faça favor</u> de conferir. <u>Pode</u> assinar, <u>por favor</u>.	
Agradecer:	Obrigada.	Não tem de quê. Sempre às ordens.
Confirmar:	Está certo.	
Indicar distância:	É longe. / É perto.	
Indicar a causa:	Por causa da viagem.	
Indicar a consequência:	Por isso...	
Indicar a quantidade:	Metade... O resto...	
Indicar a temperatura:	Um galão <u>morno</u>.	
Indicar exclusão:	Uma torrada <u>sem</u> manteiga.	
Situar no tempo:	Depois do jantar. Imediatamente. No dia seguinte.	
Indicar a sequência:	Primeiro... Em seguida... Um pouco mais tarde.	
Indicar a direção:	Em frente. À direita. À esquerda.	
Localizar no espaço:	Aí. / Lá. Mesmo à esquina. À entrada do banco.	

4

Vou fazer **compras**.
Vou **comprar** livros.

Eu compro **livros** na **livraria**.

Eu **assino** os cheques.
O empregado confere a minha **assinatura**.

O **almoço** é à uma hora.
Eu **almoço** à uma hora.

O **jantar** é às oito horas.
Eu **janto** às oito horas.

No restaurante

PEQUENO-ALMOÇO

Cereais

Ovos estrelados

Ovos mexidos

Sandes

Tostas

BEBIDAS

Sumos de frutas

Meia de leite

Galão

Garoto

Café

Chá

Na Rua

RUA VASCO DA GAMA

AVENIDA DA LIBERDADE

LARGO DO ROSSIO

TRAVESSA DOS PRAZERES

CALÇADA DA GLÓRIA

No banco

Desejava	abrir uma conta à ordem/de poupança. levantar dinheiro. depositar dinheiro/um cheque. transferir dinheiro. trocar dinheiro. comprar cheques de viagem. o extrato da minha conta.
Podia dizer-me	qual é a cotação do dólar? a como está a libra?

A TEXTO TEXTO TEXTO TEXTO

Mesmo ao lado do banco há um salão de cabeleireira. Dona Luísa decide entrar para cortar e arranjar o cabelo.

A cabeleireira é muito simpática, mas é muito faladora e muito curiosa. Ela é alta e magra. É morena e tem olhos verdes. Ela chama-se Paula. Dona Luísa entra, senta-se e a cabeleireira pergunta-lhe:

D. Paula - A senhora não é de cá, pois não?
D. Luísa - Não, não sou. Sou de Lisboa, ou melhor, trabalho em Lisboa, mas vivo em Sintra.

D. Paula - Qual é a sua profissão?
D. Luísa - Sou professora na Escola Luís de Camões.

D. Paula - É casada?
D. Luísa - Sou, sim.

D. Paula - O seu marido, o que faz?
D. Luísa - É funcionário público. Trabalha no Ministério do Ambiente.

D. Paula - Tem filhos?
D. Luísa - Sim, tenho dois: um rapaz e uma rapariga.

D. Paula - São solteiros?
D. Luísa - Sim, são. Eles ainda são muito jovens.

B TEXTO

A dona Luísa abre a sua carteira, tira uma fotografia dos seus filhos e mostra-a à dona Paula.

D. Paula - Hum! **São** os dois muito giros! A sua filha **é** parecida consigo, não é?
D. Luísa - Sim, **somos** muito parecidas e o meu filho **é** parecido com o pai. O meu marido também **é** baixo e gordo e **tem** olhos castanhos e cabelo loiro.

D. Paula - Que idade **têm**?
D. Luísa - O Carlos **é** o mais velho. **Tem** 18 anos e a Joana **é** mais nova do que ele dois anos. Ela vai fazer 16 anos na próxima semana.

D. Paula - E ela já **tem** namorado?
D. Luísa - Não, ainda não **tem**, mas o Carlos **tem** uma namorada que se chama Sofia.

D. Paula - Quantos anos **tem** ela?
D. Luísa - **Tem** 17. Eles **são** colegas.

D. Paula - E a senhora gosta de viver em Sintra?

D. Luísa - Sim, gosto imenso. Sintra **é** uma vila muito bonita, principalmente na primavera. **Tem** jardins lindíssimos com flores de todas as cores: brancas, amarelas, azuis, cor de rosa... Mas, no outono, ainda **é** mais bonita.

D. Paula - Ai é? Porquê?

D. Luísa - Porque as folhas das árvores ficam castanhas, amarelas, vermelhas, cor de laranja... É um espetáculo maravilhoso!

D. Paula - A que distância fica de Lisboa?

D. Luísa - Fica a cerca de 20 quilómetros.

D. Paula - **Tem** muitos turistas, não **tem**?

D. Luísa - Hum! Sim, **tem** imensos, principalmente no verão.

 **D** **TEXTO**

D. Paula - E como é o clima?
D. Luísa - Não é mau, mas no inverno é um bocado desagradável porque é muito húmido e chove muito. E também faz frio e muito vento.

D. Paula - Mas não é pior do que o Porto, pois não?
D. Luísa - Não, não. É muito melhor. Não é tão frio e também não chove tanto como no Porto. Chove menos.

D. Paula - E costuma cair neve?
D. Luísa - Neve? Não! Nunca cai.

D. Paula - E no verão, é seco?
D. Luísa - Não, não é seco, mas é quentíssimo. Às vezes a temperatura chega aos 35 graus... Mas na primavera e no outono é muito agradável.

Quando acaba de arranjar o cabelo, dona Luísa paga, recebe o troco, agradece e despede-se da cabeleireira.

Uma outra cliente entra no salão. Ela fala português com um sotaque estrangeiro.
Dona Paula cumprimenta-a e, delicadamente, pergunta-lhe:

D. Paula - Qual é a sua nacionalidade?
Estrangeira - **Sou** francesa.

- Verbos **ser, ter**
- Atividade oral
- Graus dos adjetivos
- De que cor é? De que cor são?

- O que se diz para...
- Para além do texto
- Profissões / Horas

Presente do Indicativo
SER

Eu	sou	português/portuguesa.
Tu	és	professor/professora.
Você / O Sr. / A Sra.	é	alto/alta.
Ele / Ela	é	simpático/simpática.
Nós	somos	amigos/amigas.
Vocês / Os Srs. / As Sras.	são	parecidos/parecidas.
Eles / Elas	são	primos/primas.

5

Atividade oral

O senhor é português? A senhora é portuguesa?	Sim, sou.	Não, não sou.
Tu és professor?	Sim, sou.	Não, não sou.
Ele é alto? Ela é alta?	Sim, é.	Não, não é.
Vocês são amigos?	Sim, somos.	Não, não somos.
Eles são primos? Elas são primas?	Sim, são.	Não, não são.

Presente do Indicativo
TER

Eu	tenho	um carro.
Tu	tens	uma casa.
Você / O Sr. / A Sra.	tem	dinheiro.
Ele / Ela	tem	filhos.
Nós	temos	cabelo castanho.
Vocês / Os Srs. / As Sras.	têm	olhos azuis.
Eles / Elas	têm	20 anos.

Atividade oral

O senhor tem um carro?	Sim, tenho.	Não, não tenho.
Tu tens uma casa?	Sim, tenho.	Não, não tenho.
Ele/Ela tem dinheiro?	Sim, tem.	Não, não tem.
Vocês têm filhos?	Sim, temos.	Não, não temos.
Eles/Elas têm olhos azuis?	Sim, têm.	Não, não têm.

Ser e Ter

A senhora é casada?	Sim, sou.	Não, não sou.
Tem filhos?	Sim, tenho.	Não, não tenho.
Ele é alto?	Sim, é.	Não, não é.
Tem olhos castanhos?	Sim, tem.	Não, não tem.
Vocês são professores?	Sim, somos.	Não, não somos.
Têm muitos alunos?	Sim, temos.	Não, não temos.
Eles são simpáticos?	Sim, são.	Não, não são.
Têm muitos amigos?	Sim, têm.	Não, não têm.

O carro é amarelo.   A casa é amarela.

Os carros são amarelos.   As casas são amarelas.

	Masculino	Feminino
(singular)	**bonito**	**bonita**
(plural)	bonitos	bonitas
(singular)	**verde**	**verde**
(plural)	verdes	verdes
(singular)	**azul**	**azul**
(plural)	azuis	azuis
(singular)	**falador**	**faladora**
(plural)	faladores	faladoras

CONCORDÂNCIA

Ele é bonito.   Eles são bonitos.

Ela é bonita.   Elas são bonitas.

O carro é verde.   Os carros são verdes.

A casa é verde.   As casas são verdes.

O vestido é azul.   Os vestidos são azuis.

A camisa é azul.   As camisas são azuis.

Ele é falador.   Eles são faladores.

Ela é faladora.   Elas são faladoras.

O adjetivo concorda com o nome em género (*masculino/feminino*) e em número (*singular/plural*).

POSIÇÃO NA FRASE

Eu tenho um carro grande.

uma casa grande.

Em geral, o nome precede o adjetivo.

Grau comparativo

> A Joana é **mais** nova **do que** o Carlos.
> O Carlos é **mais** velho **do que** a Joana.
>
> O inverno em Lisboa é **menos** frio **do que** no Porto.
> O inverno em Coimbra é **tão** frio **como** no Porto.

mais   + adjetivo + do que...

menos + adjetivo + do que...

tão   + adjetivo + como...

NOTE BEM:

O clima de Sintra é **bom** mas o de Lisboa é **melhor**.
O clima do Porto é **mau** mas o de Londres é **pior**.

Grau superlativo

> A primavera é **muito** agradável.
> O verão é **muito** quente.
>
> O verão é **quentíssimo**.
> Os jardins são **lindíssimos**.
>
> O Carlos é **o mais** velho.
> A Joana é **a mais** nova.
>
> Ele é **o menos** inteligente dos irmãos.
> Ela é **a menos** trabalhadora das irmãs.

muito + adjetivo

adjetivo + -íssimo, a, os, as

O mais / a mais

O menos / a menos

De que cor é? • De que cor são?

A janela é amarela.

As telhas são vermelhas.

O bule é azul.

A parede é verde.

As canetas são pretas.

A aranha é castanha.

Os bancos são brancos.

O cimento é cinzento.

O que se diz para...		Como se responde:
Inquirir sobre a profissão:	*Qual é a sua profissão?* *O que faz?*	*Sou... (+ profissão).*
Inquirir sobre a nacionalidade:	*Qual é a sua nacionalidade?*	*Sou... (+ nacionalidade).*
Inquirir sobre a idade: [age / âge / Alter]	*Que idade tem?* *Quantos anos tem?*	*Tenho... anos.*
Inquirir sobre naturalidade: [place of birth / lieu de naissance / geboren in]	*De onde é?*	*Sou de... (+ lugar).*
Inquirir sobre estado civil: [marital status / état civil / Familienstand]	*É solteiro/a / casado/a?*	*Sou, sim.* *Não, não sou.*
Inquirir sobre o clima:	*Como é o clima?*	*É bom. / É mau.* *É frio. / É quente.* *É seco. / É húmido.*
Reforçar uma afirmação:	*Não é de cá, <u>pois não</u>?* *É parecida consigo, <u>não é</u>?* *<u>Mesmo</u> ao lado do banco.*	*Não, não sou.* *Sim, é. / Não, não é.*
Indicar frequência:	*<u>Às vezes</u> a temperatura chega aos 35 graus.* *Todos os dias...*	
Indicar quantidade:	*Chove <u>bastante</u>.* *É <u>um bocado</u> desagradável.*	
Indicar qualidade:	*É bom / mau / melhor / pior.*	
Indicar aspeto físico:	*É alto / baixo / gordo / magro / bonito. / São giros.*	
Indicar a temperatura:	*É quente / frio.* *Chega aos 35 graus.*	
Indicar modo:	*<u>Delicadamente</u>, pergunta...*	
Indicar semelhança: [resemblance / ressemblance / Ähnlichkeit]	*É parecido com o pai.* *Somos parecidas.*	
Situar no tempo:	*Na <u>próxima</u> semana.* *No inverno. / No verão. /* *No outono. / Na primavera.*	
Localizar no espaço:	*Mesmo <u>ao lado</u> do banco.*	

5

A cabeleireira é **magra**.
Ela quer **emagrecer** mais.

O marido dela é **gordo**.
Ele não quer **engordar** mais.

Eu sou **casada**.
A minha amiga vai **casar-se** amanhã.
Eu vou ao **casamento** dela.

Sofia é a **namorada** do Carlos.
Eles **namoram**.

A sua filha é **parecida** consigo.
A sua filha **parece-se** consigo.

No inverno **chove** muito.
A **chuva** é necessária.

O clima é **seco**.
Preciso de **secar** o cabelo com o **secador**.

Eu **agradeço** à cabeleireira.
Os meus **agradecimentos**.
Fico muito **agradecida**.

Qual é a sua nacionalidade?

Masculino	Feminino
Sou brasileiro.	Sou brasileira.
Sou angolano.	Sou angolana.
Sou moçambicano.	Sou moçambicana.
Sou são-tomense.	Sou são-tomense.
Sou guineense.	Sou guineense.
Sou inglês.	Sou inglesa.
Sou espanhol.	Sou espanhola.
Sou italiano.	Sou italiana.
Sou alemão.	Sou alemã.
Sou sueco.	Sou sueca.
Sou suíço.	Sou suíça.

Um menino		Uma menina
Um garoto		Uma garota
Um miúdo		Uma miúda

Um rapaz		Uma rapariga
Um moço (Br.)		Uma moça (Br.)

Um homem		Uma mulher
Um senhor		Uma senhora

Como é?

É bonito/a?	Não, é feio/a.
É simpático/a?	Não, é antipático/a.
É trabalhador/a?	Não, é preguiçoso/a.
É bem-educado/a?	Não, é mal-educado/a.

Qual é a sua profissão?

Sou professora.

Sou secretária.

Sou médico.

Sou enfermeira.

5

Sou empregada.

Sou bombeiro.

Sou eletricista.

Sou carteiro.

Sou canalizador.

Como é?

É baixo.

É alto.

É gordo.

É magro.

É forte.

É fraco.

É simpático.

É antipático.

É bom.

É mau.

Que horas são?

É meio-dia.

É meio-dia
e cinco.

É meio-dia
e dez.

É meio-dia
e um quarto.

É meio-dia
e vinte.

É meio-dia
e vinte e cinco.

É meio-dia e meia hora.

É uma menos
vinte e cinco.

É uma menos
vinte.

É uma menos
um quarto.

É uma menos
dez.

É uma menos
cinco.

É uma hora.　　São duas horas.　　São onze horas.

É meia-noite.

95

A TEXTO

TDL 1
#37

Entretanto, em Sintra, Carlos e Joana divertem-se bastante com os seus amigos e com as suas amigas.

Como *estão* em férias, eles saem todos os dias. Umas vezes vão à praia, outras vezes vão ao cinema ou à discoteca, ou, então, organizam uma festa em casa de um amigo ou de uma amiga.

Hoje *está* um dia lindo de verão! O sol brilha e não há uma nuvem no céu. Por isso, eles decidem passar o dia numa praia perto de Sintra.

Carlos telefona à sua namorada para a convidar a ir com eles. Ela *está* a aprender a nadar.

Carlos marca o número 219 209 783 e a mãe de Sofia, a dona Elisa, atende a chamada.

D. Elisa [do outro lado da linha] - Está...? Quem fala?
Carlos - É o Carlos. Como *está*, senhora dona Elisa?
D. Elisa - *Estou* bem, obrigada. E tu e a tua irmã *estão* bem?
Carlos - Sim, *estamos* bem, obrigado. A Sofia *está*?
D. Elisa - *Está* sim. Eu chamo-a já.

Sofia - Oi! Tudo bem?
Carlos - Sim, tudo bem. Olha, queres ir à praia comigo e com a minha irmã?
Sofia - Claro que quero. A que horas passam por aqui?
Carlos - Passamos por aí ao meio-dia menos um quarto, *está* bem?
Sofia - Sim, *está*. Até já, querido!
Carlos - Até já, amor! Beijinhos!

B **TEXTO**

Joana está na cozinha a preparar um pequeno lanche.
Carlos entra na cozinha e pergunta-lhe:

Carlos - Onde estão as chaves do carro?

Carlos é muito esquecido. Ele nunca se lembra onde guarda as suas
coisas.
Joana ajuda-o a procurar as chaves.

Eles procuram em cima das mesas da sala e da casa de jantar, debaixo
das cadeiras, atrás dos móveis, dentro dos armários e das gavetas da
cozinha, e não as encontram.

Carlos *[de repente]* - Ah! Estão aqui dentro do bolso das minhas calças.
Joana *[irritada]* - Cabeça de vento!

Carlos - E onde estão os meus calções de banho?
Joana *[impaciente]* - Estão lá fora, a secar.

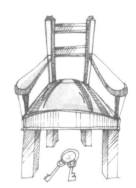

 TEXTO TEXTO **C TEXTO** TEXTO

Finalmente eles entram no carro e partem para a praia.

Joana – Já são onze e meia. Já **estamos** atrasados.

No caminho, eles param numa loja para comprar uns refrigerantes e em seguida passam por casa de Sofia.

Quando chegam à praia, o Carlos e a Sofia correm para o mar.
Joana prefere apanhar banhos de sol.

Sofia – Cuidado com o sol que é muito perigoso!
Joana – Sim, eu tenho cuidado. Não te preocupes!

A praia **está** *cheia de gente. A água do mar* **está** *fria, mas o mar* **está** *calmo. Carlos ensina Sofia a nadar.*

6

 **D** **TEXTO**

Cerca das duas horas, eles saem da água a correr.

Sofia – Brrrrr! **Estou** com frio.
Carlos – E eu **estou** com fome.
Joana – E eu **estou** com sede e com calor. Carlos, onde **está** o cesto com o nosso lanche?

Carlos – **Está** dentro do porta-bagagens do carro.
Joana – E onde **estão** as chaves do carro?

*Carlos mais uma vez procura as chaves e não as encontra. Ele **está** nervoso!*

Sofia – Provavelmente **estão** dentro do carro...

Joana *[olhando para dentro do carro]* – Sim, **estão**. Mas a porta **está** trancada...

Sofia – E agora?
Carlos – Agora... **estamos** em sarilhos...!
Joana *[zangada]* – Não acredito!

- Verbo **estar**
- Atividade oral
- Verbo estar + a + infinitivo
- Preposição **com** + Pronomes pessoais
- O que se diz para...

- Para além do texto
- Como está o tempo?
- Como está? Como estão?

Presente do Indicativo
ESTAR

Eu	estou	bem.
Tu	estás	nervoso/a.
Você / O Sr. / A Sra.	está	cansado/a.
Ele / Ela	está	impaciente.
Nós	estamos	em férias.
Vocês / Os Srs. / As Sras.	estão	a aprender português.
Eles / Elas	estão	no escritório.

Atividade oral

O senhor está bom?	*Sim, estou.*	Não, não estou.
Tu estás nervoso?	*Sim, estou.*	Não, não estou.
Ela está cansada?	*Sim, está.*	Não, não está.
Vocês estão a aprender português?	*Sim, estamos.*	Não, não estamos.
Eles estão no escritório?	*Sim, estão.*	Não, não estão.

Ser *(permanente)*

Eu sou professora.

Tu és alto.

Ela é simpática.

Nós somos estrangeiros.

Vocês são loiros.

Elas são primas.

Estar *(temporário)*

Eu estou cansada.

Tu estás contente.

Ela hoje está simpática.

Nós estamos a aprender português.

Vocês estão com sede?

Elas estão em férias.

Estar + a + Infinitivo

Eu	estou	a	aprender português.
Tu	estás	a	estudar.
Você	está	a	ouvir música.
Ele	está	a	jogar futebol.
Nós	estamos	a	beber chá.
Vocês	estão	a	trabalhar.
Elas	estão	a	dormir.

No Brasil diz-se:

Eu estou aprend**endo** português.
Tu estás estud**ando**.
Você está ouv**indo** música.
Ele está jog**ando** futebol.
Nós estamos beb**endo** chá.
Vocês estão trabalh**ando**.
Eles estão dorm**indo**.

Ensinar
Aprender + **a** + **Infinitivo**
Ajudar

O Carlos *ensina* a Sofia **a** *nadar*.

A Sofia *aprende* **a** *nadar*.

A Joana *ajuda* **a** *procurar* as chaves.

Preposição com + pronomes pessoais

comigo

contigo

consigo

connosco

convosco

O que se diz para...		Como se responde:
Iniciar conversa telefónica:	*Está? Quem fala?*	*É o/a... (+ nome).* *Fala... (+ nome).*
Cumprimentar *(formal)*:	*Como está? Como estão?*	*Estou bem, obriga-do/a.* *Estamos bem, obri-gado/a.*
Cumprimentar *(informal)*:	*Tudo bem? (informal)*	*Sim, tudo bem.*
Convidar um amigo ou uma amiga:	*Queres ir comigo?*	*Sim, quero.* *Claro que quero.* *Não, não quero.*
Despedir-se:	*Até já.*	*Até já.*
Avisar do perigo: [*to warn against danger / avertir quelqu'un d'un danger / darauf hinweisen*]	<u>*Cuidado com*</u> *o sol!*	
Expressar probabilidade:	*Provavelmente, estão dentro do carro!*	
Indicar intensidade:	*Eles divertem-se* <u>*bastante*</u>*.*	
Indicar a direção:	*Eles correm* <u>*para*</u> *o mar.*	
Indicar alternância:	<u>*Umas vezes*</u> *vão à praia.* <u>*Outras vezes*</u> *vão ao cinema.*	
Indicar frequência:	<u>*Todos*</u> *os dias.* *Ele* <u>*nunca*</u> *se lembra.*	
Situar no tempo:	<u>*Entretanto*</u>*, em Sintra...* <u>*Neste momento*</u>*...* <u>*Cerca das*</u> *duas horas.*	
Localizar no espaço:	*Por aqui. / Por aí.* *Dentro (de)...* *Debaixo (de)...* *Em cima (de)...* *Atrás (de)...* *Lá fora.*	

6

EXPRESSÕES IDIOMÁTICAS:

Cabeça de vento.
<u>Claro que</u> quero!

O sol **brilha**.
O chão está **brilhante**.

Vou **convidar** a minha amiga.
Obrigada pelo seu **convite**.
Os **convidados** estão a chegar.

Ele é muito **esquecido**.
Ele **esquece-se** de tudo.

A **cozinha** é bonita.
O **cozinheiro** é bom.
Ele **cozinha** muito bem.

Eles **param** numa loja.
A **paragem** do autocarro é em frente.

Eles **correm** para o mar.
Hoje há **corrida** de bicicletas.

Perigo! Minas.
O sol é muito **perigoso**.

O mar está **calmo**.
Tenha **calma**!
Acalme-se!

Não **acredito**.
É **inacreditável**!

PROVÉRBIOS E ADÁGIOS

Nem tudo o que brilha é ouro.

Depois da casa roubada, trancas à porta.

Quem tem filhos, tem sarilhos.

É meio-dia em ponto.

O relógio está certo.

O relógio está
atrasado.

O relógio está
adiantado.

Como está o tempo?

Está a nevar.

Está sol.

Está nublado.

Está vento.

Está a chover.

Está nevoeiro.

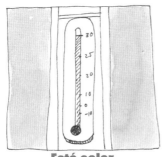

Está calor.

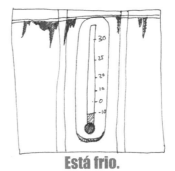

Está frio.

Céu limpo | Céu pouco nublado | Períodos de céu muito nublado | Céu muito nublado | Aguaceiros | Chuva | Trovoada | Neve

Como está? Como estão?

Ele está contente.

Ele está triste.

Ele está zangado.

Ele está cansado.

Ele está aborrecido.

Ele está doente.

Ele está atrasado.

A **TEXTO**

Hoje é o último dia do congresso.
Dona Luísa decide ir à Baixa fazer umas compras porque ela e o seu marido querem ir amanhã visitar algumas caves de vinho e outros lugares de interesse turístico e cultural da cidade do Porto.

Ela precisa também de ir aos correios para comprar selos e para enviar uma encomenda para a sua cunhada que vive no Brasil.

<u>Na estação dos correios:</u>

D. Luísa *[entregando a encomenda à empregada]* - Registada, faz favor.

A empregada pesa a encomenda na balança, enquanto dona Luísa preenche um impresso com o nome do remetente e do destinatário.

D. Luísa - Queria também selos para este postal e para esta carta para Angola. Qual é a tarifa?
Empregada - São 65 cêntimos.

D. Luísa - Queria dois selos. Quanto é tudo?
Empregada - São 12 euros e 30 cêntimos.

Dona Luísa cola os selos e *põe* a carta e o postal no marco do correio.

B **TEXTO**

Mesmo em frente da estação dos correios há uma sapataria. Dona Luísa vê na montra uns sapatos de salto alto muito elegantes.
Ela decide entrar na sapataria para perguntar o preço.

Na sapataria Última Moda.

Empregado - Bom dia, minha senhora. Faz favor de dizer...
D. Luísa - Podia dizer-me qual é o preço daqueles sapatos pretos que estão na montra?

Empregado [pegando nuns sapatos] - Quais? Estes?
D. Luísa - Não. Não são esses [indicando uns sapatos]. São aqueles que estão ali atrás.

Empregado - Estes?
D. Luísa - Sim, esses. Quanto custam?

Empregado - Custam 75 euros. São importados.
D. Luísa [horrorizada] - Oh! Não! São muito caros. Não tem mais baratos?

Empregado - Sim, tenho estes aqui que são fabricados em Portugal e até são melhores do que aqueles. Também são de cabedal e custam só 60 euros.

D. Luísa - Posso experimentar?
Empregado - Pode, sim. Que número calça?
D. Luísa - Calço o número 36.

TEXTO A TEXTO B **C TEXTO** TEXTO D

Dona Luísa calça os sapatos e vê-se ao espelho.

Empregado - Ficam-lhe muito bem!
D. Luísa - Realmente assentam-me que nem uma luva! Levo estes. Onde pago?
Empregado - **Pode** pagar à saída, na caixa, faz favor.

Dona Luísa vai à caixa, paga com o cartão multibanco, recebe o recibo e guarda-o dentro da sua carteira.

Um pouco mais à frente, há uma loja que vende artigos regionais. Como a Joana faz anos de hoje a oito dias e como ela faz coleção de bonecas, dona Luísa compra uma linda boneca regional para lhe oferecer.

Dali, vai a uma retrosaria comprar um carro de linhas, agulhas e botões e, em seguida, vai a uma farmácia onde compra uma escova e uma pasta de dentes.

TEXTO A TEXTO B TEXTO C **D TEXTO**

Dona Luísa começa a sentir-se cansada. Ela também está com fome e com sede. Vai por isso a uma pastelaria, que vende uns bolos muito bons, para comer e para tomar qualquer coisa.

Na pastelaria Boca Doce.

Empregada – Faz favor...
D. Luísa – Queria um pastel de coco e dois pastéis de nata.

Empregada – E para beber?
D. Luísa – Um sumo de ananás bem fresco.

Quando acaba de comer os bolos e de beber o refresco, dirige-se ao balcão para comprar uns rissóis e uns pãezinhos para levar para o seu marido.

D. Luísa – A como são os rissóis?
Empregada – São a 65 cêntimos cada um.

D. Luísa – Queria um rissol de galinha e dois de camarão.

A empregada põe os rissóis numa caixa e pergunta:

Empregada – É mais alguma coisa?
D. Luísa – Queria também meia dúzia de pãezinhos.

Dona Luísa paga tudo, recebe o troco e guarda-o no seu porta-moedas. Em seguida, apanha um táxi para o hotel.

- Verbos **pôr, ver, poder**
- Pronomes e determinativos demonstrativos
- Formação do plural
- O que se diz para...
- Para além do texto

Presente do Indicativo
PÔR

Eu	ponho	o carro na garagem.
Tu	pões	o dinheiro no banco.
Você / O Sr. / A Sra.	põe	o troco no porta-moedas.
Ele / Ela	põe	a carta no correio.
Nós	pomos	o cesto no porta-bagagens.
Vocês / Os Srs. / As Sras.	põem	a comida na mesa.
Eles / Elas	põem	o vinho nos copos.

Presente do Indicativo
VER

Eu	vejo	bem.
Tu	vês	mal.
Você / O Sr. / A Sra.	vê	televisão?
Ele / Ela	vê	muitos filmes.
Nós	vemos	o telejornal.
Vocês / Os Srs. / As Sras.	veem	com óculos.
Eles / Elas	veem	sem óculos.

Presente do Indicativo
PODER

Eu	posso	ir à lição.
Tu	podes	ficar em casa.
Você / O Sr. / A Sra.	pode	pagar com um cheque.
Ele / Ela	pode	assistir à aula.
Nós	podemos	entrar.
Vocês / Os Srs. / As Sras.	podem	sair.
Eles / Elas	podem	sentar-se.

7

Pronomes e determinativos demonstrativos

Este carro.

Esse carro.

Aquele carro.

Esta casa.

Essa casa.

Aquela casa.

Masculino	Este carro	Esse carro	Aquele carro
	Estes carros	Esses carros	Aqueles carros
Feminino	Esta casa	Essa casa	Aquela casa
	Estas casas	Essas casas	Aquelas casas

O que é **isto**?	Isto é um carro / uma casa.
O que é **isso**?	Isto é um carro / uma casa.
O que é **aquilo**?	Aquilo é um carro / uma casa.

NOTE BEM:

Este/esta/estes/estas	aqui
Esse/essa/esses/essas	aí
Aquele/aquela/aqueles/aquelas	ali

Eles trabalham	neste	escritório.
	nesta	loja.
	nestes	escritórios.
	nestas	lojas.

em
+
demonstrativos

neste/ nesse/ naquele
nesta/ nessa/ naquela
nestes/ nesses/ naqueles
nestas/ nessas/ naquelas

Eu gosto	deste	vestido.
	desta	camisa.
	destes	sapatos.
	destas	calças.

de
+
demonstrativos

deste/desse/daquele
desta/dessa/daquela
destes/desses/daqueles
destas/ dessas /daquelas

Vou perguntar	àquele	empregado.
	àquela	empregada.
	àqueles	empregados.
	àquelas	empregadas.

a
+
aquele / aquela / aqueles / aquelas

àquele
àquela
àqueles
àquelas

As preposições **em**, **de**, e **a** contraem-se com os pronomes e com os determinativos demonstrativos.

Formação do plural

-l > -is

(singular)	um post**al**	um past**el**	um riss**ol**
(plural)	dois post**ais**	dois past**éis**	dois riss**óis**

-ão > -ões

(singular)	um bot**ão**
(plural)	dois bot**ões**

A maior parte dos nomes e dos adjetivos terminados em **-ão** no singular, forma o plural mudando a terminação **-ão** em **-ões**.

NOTE BEM:

(singular)	p**ão**	c**ão**	alem**ão**
(plural)	p**ães**	c**ães**	alem**ães**

(singular)	m**ão**	irm**ão**	crist**ão**
(plural)	m**ãos**	irm**ãos**	crist**ãos**

Diminutivos

um bolo	um bol**inho**
um pão	um pãoz**inho**
uns pães	uns pãez**inhos**

NOTE BEM:

O sufixo -inh- também pode expressar afeto:
mãezinha, paizinho, Joãozinho, cafezinho, etc.

O que se diz para...		Como se responde:
Perguntar o preço: [to ask the price / demander le prix / nach dem Preis fragen]	Qual é o preço?	São... (euros / reais / meticais / cuanzas)
	Quanto custa/ custam?	Custa / Custam...
	Qual é a tarifa?	É / São...
	Quanto é?	É / São...
	A como é?	É a...
	A como são?	São a...
	Quanto é tudo?	É / São...
Fazer comentários sobre o preço:	É caro. / É barato.	
Oferecer ajuda:	Faz favor de dizer...	(Eu) Queria / Desejava...
Pedir uma informação:	Podia dizer-me... [podia + Infinitivo]	
Pedir permissão:	Posso experimentar? [poder + Infinitivo]	Pode sim. / Não, não pode. / Com certeza! / Faz favor.
Indicar quantidade:	Meia dúzia	
Indicar material:	Os sapatos são de cabedal.	
Situar no tempo:	Enquanto preenche... De hoje a 8 dias. Em seguida...	
Localizar no espaço:	Dali, vai a uma retrosaria. Mesmo em frente... Atrás...	

7

EXPRESSÕES IDIOMÁTICAS:

Assentam que nem uma luva!
Fica bem. / Ficam bem.

Vamos **visitar** caves de vinho.
Temos **visitas** para o jantar.

Esta encomenda está muito **pesada**.
Quanto **pesa**?
Qual é o **peso**?

Eu preciso de **cola** para **colar** os selos.

Estes sapatos são **fabricados** em Portugal.
Esta **fábrica fabrica** sapatos.

Que número **calça**?
O **calçado** português é muito bom.

Eu gosto de **oferecer** presentes.
Eu gosto de receber **ofertas**.

Vou à **sapataria** comprar **sapatos**.
O **sapateiro** faz sapatos.

Vou à **farmácia**.
O **farmacêutico** é muito simpático.

7

Remetente:

Luísa Morais
Rua das Janelas Verdes, n.º 20 r/c Esq.
Sintra
Portugal

Destinatário:

Exma. Senhora
D. Helena Soares
Avenida Paulista, 376-18 Dto.
São Paulo
Brasil

BEM-VINDOS A PORTUGAL.

8

  A **TEXTO** TEXTO TEXTO TEXTO

Como *sabemos*, a irmã do senhor Morais, a dona Helena, vive no Brasil há alguns anos. Ela é casada e tem dois filhos: o Paulo que tem 17 anos e o Miguel que tem 10.

O marido dela, o senhor Soares, é gerente duma empresa de importação e exportação em São Paulo.

Como eles já têm muitas saudades da família que vive em Portugal e como o senhor Soares tem uns negócios a tratar em Lisboa, decidem ir todos passar lá o verão.

Infelizmente, a família Morais não vai estar em Lisboa à chegada deles porque vai partir amanhã para férias.
No entanto, as duas famílias vão encontrar-se no Algarve, uma semana depois.

B TEXTO

O avião vindo de São Paulo acaba de aterrar no aeroporto de Lisboa. Todos os passageiros saem do avião.

Miguel - Onde é que vamos agora?
D. Helena - Vamos primeiro mostrar os nossos passaportes e, em seguida, vamos à secção de recolha de bagagens levantar os nossos sacos e as nossas malas.
Miguel - E depois?
D. Helena - Depois vamos à alfândega.

Na secção de passaportes, um funcionário carimba os seus passaportes. Em seguida, o senhor Soares procura um carrinho de bagagem, mas não vê nenhum.

Sr. Soares *[dirigindo-se a um empregado do aeroporto]* - Por favor... dizia--me onde posso arranjar um carrinho?
Empregado - Ali ao fundo, ao lado das escadas rolantes, há alguns.

O senhor Soares diz obrigado, o Paulo e o Miguel vão buscar dois carrinhos e dirigem-se todos à secção de recolha de bagagens onde esperam pacientemente pelas suas malas e pelos seus sacos.

Paulo *[quando vê as malas no tapete rolante]* - Até que enfim! As nossas malas já ali vêm.
Miguel - E os nossos sacos vêm atrás.
Paulo - Ainda bem! Já estou farto de esperar!

C TEXTO

Na alfândega:

Empregado *[dirigindo-se ao senhor Soares]* – O que **traz** nesse saco?
Sr. Soares – **Trago** apenas umas latas de palmitos, duas garrafas de cachaça e umas peças de artesanato para oferecer à família e aos amigos.

Empregado *[desconfiado]* – Pode abrir, por favor.
Sr. Soares – Pois não...

Dona Helena está um pouco nervosa porque ela traz quase cinco quilos de chocolates e rebuçados para oferecer aos seus sobrinhos!

O empregado olha para dentro do saco, vê um frasco de comprimidos e lê o rótulo do frasco. O senhor Soares mostra-lhe a receita do médico. O empregado vê também os chocolates, mas não diz nada.

Empregado – Podem seguir.
D. Helena *[suspirando]* – Uf! Que alívio!

O senhor Soares precisa de trocar reais por euros.
Ele dirige-se ao segurança e pergunta-lhe:

Sr. Soares – Por acaso **sabe** dizer-me onde posso cambiar moeda estrangeira?
Segurança – Perto da saída há uma casa de câmbio, mas não **sei** se já está aberta. Creio que não.

Sr. Soares – Obrigado.
Segurança – De nada.

Infelizmente a casa de câmbio ainda está fechada e por isso eles decidem apanhar um táxi e ir imediatamente para o hotel.

D **TEXTO**

*Assim que saem do edifício do aeroporto, eles veem um táxi que acaba de chegar com passageiros que **vêm** apanhar outros aviões.*

D. Helena *[para o motorista do táxi]* - Está livre?
Taxista - Estou sim, senhora.

Eles põem as malas na bagageira e entram no táxi.

Taxista - Para onde?
Sr. Soares - Hotel Ipanema. **Sabe** onde é, não **sabe**?

Taxista - **Sei**, pois... É um dos hotéis mais conhecidos de Lisboa. Fica ali perto da Praça do Marquês de Pombal.
Sr. Soares - Exatamente. É esse mesmo.

Taxista - De onde **vêm**?
Sr. Soares - **Vimos** de São Paulo.

Taxista - E há quanto tempo não **vêm** a Portugal?
D. Helena - Não **vimos** cá há cerca de cinco anos.

Como é a hora de ponta, há muito trânsito e muito barulho nas ruas. Os motoristas impacientes tocam a buzina.

Paulo - Meu Deus! Que bagunça!
Miguel - Até parece que estamos em São Paulo!
Taxista - Tens razão! A esta hora, há sempre engarrafamentos.

Finalmente chegam ao hotel.
*O senhor Soares paga ao motorista do táxi e **dá**-lhe uma gorjeta. Ele agradece e deseja a todos uma feliz estadia em Portugal.*

- Verbos **sair, dizer, vir, trazer, ler, saber, dar**
- Dupla negativa
- Passado recente

- Preposição **por**
- O que se diz para...
- Para além do texto

Presente do Indicativo
SAIR

Eu	saio	todos os dias.
Tu	sais	de manhã.
Você / O Sr. / A Sra.	sai	à tarde.
Ele / Ela	sai	à noite.
Nós	saímos	cedo.
Vocês / Os Srs. / As Sras.	saem	tarde.
Eles / Elas	saem	do avião.

Presente do Indicativo
DIZER

Eu	digo	adeus.
Tu	dizes	até logo.
Você / O Sr. / A Sra.	diz	boa tarde.
Ele / Ela	diz	obrigado/a.
Nós	dizemos	a verdade.
Vocês / Os Srs. / As Sras.	dizem	muitas mentiras.
Eles / Elas	dizem	disparates.

8

Presente do Indicativo
VIR

Eu	venho	de Angola.
Tu	vens	de táxi.
Você / O Sr. / A Sra.	vem	à aula de português?
Ele / Ela	vem	visitar-nos.
Nós	vimos	aqui todos os dias.
Vocês / Os Srs. / As Sras.	vêm	jantar connosco.
Eles / Elas	vêm	a correr.

Presente do Indicativo
TRAZER

Eu	trago	o meu carro.
Tu	trazes	as bebidas.
Você / O Sr. / A Sra.	traz	a comida.
Ele / Ela	traz	uns CD.
Nós	trazemos	o rádio.
Vocês / Os Srs. / As Sras.	trazem	dinheiro?
Eles / Elas	trazem	os amigos deles/delas.

Presente do Indicativo
LER

Eu	leio	o jornal.
Tu	lês	uma revista.
Você / O Sr. / A Sra.	lê	um livro.
Ele / Ela	lê	uma carta.
Nós	lemos	bem.
Vocês / Os Srs. / As Sras.	leem	mal.
Eles / Elas	leem	sem óculos.

Presente do Indicativo
SABER

Eu	sei	falar português.
Tu	sabes	escrever.
Você / O Sr. / A Sra.	sabe	ler.
Ele / Ela	sabe	nadar.
Nós	sabemos	muitas coisas.
Vocês / Os Srs. / As Sras.	sabem	os verbos.
Eles / Elas	sabem	onde é o aeroporto.

Presente do Indicativo
DAR

Eu	dou	um presente.
Tu	dás	dinheiro.
Você / O Sr. / A Sra.	dá	uma gorjeta.
Ele / Ela	dá	tudo.
Nós	damos	uma festa.
Vocês / Os Srs. / As Sras.	dão	um jantar.
Eles / Elas	dão	os prémios.

Dupla negativa

Eu **não** vejo
- **nada**.
- **ninguém**.
- **nenhum** táxi.

Eu **nunca** vejo
- **ninguém**.
- **nada**.

Passado recente

Acabar + **de** + **Infinitivo**

O avião <u>acaba</u> **de** <u>aterrar</u>.

Eles <u>acabam</u> **de** <u>partir</u>.

Eu <u>acabo</u> **de** <u>chegar</u>.

Preposição por

Eu espero
- **por** vocês.
- **pelo** meu saco.
- **pela** minha mala.
- **pelos** meus sacos.
- **pelas** minhas malas.

por + o	> **pelo**
por + a	> **pela**
por + os	> **pelos**
por + as	> **pelas**

Há quanto tempo?

Há quanto tempo vive no Brasil?	Há 15 anos.
Há quanto tempo está aqui?	Há meia hora.
Há quanto tempo está a estudar português?	Há dez semanas.
Há quanto tempo não vem a Portugal?	Há sete anos.

O que se diz para...		Como se responde:
Pedir uma informação:	Dizia-me, por favor... Sabe dizer-me...	
Confirmar:	Exatamente! É esse mesmo. Sei, pois!	
Expressar concordância:	Tens razão!	
Expressar alívio: [relief / soulagement / Erleichterung]	Que alívio! Até que enfim!	
Expressar satisfação:	Ainda bem!	
Expressar impaciência:	Já estou farto de esperar!	
Expressar incerteza: [uncertainty / incertitude / Unsicherheit]	Não sei se está aberta. Creio que não.	
Indicar uma ocorrência recente:	O avião acaba de aterrar.	
Indicar causa:	Como eles têm saudades... Como ele tem uns negócios... Como é a hora de ponta...	
Indicar sequência de factos: [sequence / succession / Reihenfolge]	Primeiro... Depois... Em seguida...	
Indicar quantidade:	Não vê nenhum carrinho. Ao fundo há alguns. Quase cinco quilos.	
Situar no tempo:	Há quanto tempo? Uma semana depois. Assim que saem. Às horas de ponta.	Há alguns anos. Há cerca de 5 anos.
Localizar no espaço:	Ali ao fundo. Os sacos vêm atrás. Ao lado das escadas. De onde vêm?	Vimos de São Paulo.

8

Ele é **gerente** de uma empresa.
Ele **gere** uma empresa.
Ele estuda **Gestão** de Empresas.

Ele tem **negócios** a tratar.
Ele é **negociante**.
O preço é **negociável**.
É necessário **negociar**.

Os **passageiros** saem do avião.
Quanto custa uma **passagem** de avião?

O **bagageiro** leva a **bagagem**.
Ele põe as malas na **bagageira**.

Ele não é muito **paciente**.
Ela é muito **impaciente**.
Ele não tem **paciência** nenhuma.
Eles esperam **pacientemente**.

Há muito **barulho** na rua.
Esta rua é muito **barulhenta**.

A **garrafa** está cheia.
Às horas de ponta, há **engarrafamentos**.

No aeroporto	No avião
A entrada	O piloto
A saída	A hospedeira (Br.: aeromoça)
Os voos domésticos	O/A assistente de bordo
Os voos internacionais	O lugar (Br.: assento)
O bilhete / a passagem	O cinto de segurança
O registo de embarque (Check-in)	O colete salva-vidas
A sala de embarque	Os lavabos (Br.: sanitários)
O cartão de embarque	A classe turística
A porta de embarque	A classe executiva

8

125

Assim que o táxi parou*, o porteiro do hotel* aproximou-se*,* abriu *a porta do táxi e a família Soares* saiu*.*
Em seguida, ele ajudou*-os a levar a bagagem até à receção do hotel.*
O senhor Soares e a sua esposa agradeceram *ao porteiro e* cumprimentaram *a rececionista do hotel. Ela é brasileira.*

Rececionista - Bom dia. Posso ajudar?
Sr. Soares - Bom dia. Nós reservámos dois quartos há cerca de um mês.

Rececionista - Em que nome ficou a reserva?
Sr. Soares - Jorge Soares.

Rececionista - É um quarto de casal e um quarto duplo com banheiro, não é?
Sr. Soares - É sim. Em que piso ficam os quartos?
Rececionista - Ficam no 6º piso.

D. Helena - O quarto de casal é barulhento?
Rececionista - Não, não é. É muito sossegado porque a janela não dá para a Avenida. Dá para as traseiras.
D. Helena - Ótimo!

Rececionista - Podiam preencher esta ficha de registo, por favor.
Sr. Soares - Pois não...

B **TEXTO**

O senhor Soares procurou a sua caneta nos bolsos do casaco, mas não a encontrou.

D. Helena - Se calhar **perdeste**-a ou **guardaste**-a noutro sítio.
Sr. Soares - Ah! Agora me lembro. A hospedeira **pediu**-ma emprestada, eu **emprestei**-a e ela **esqueceu**-se de ma entregar. Bem, não importa! Podes emprestar-me a tua?

Dona Helena tirou a sua caneta da carteira e emprestou-a ao seu marido.

Quando acabou de preencher a ficha, o senhor Soares entregou-a à rececionista e ela recebeu-a e perguntou-lhes:

Rececionista - Já **tomaram** o café da manhã?
D. Helena - Já sim. **Tomámos** no avião. Agora queremos descansar porque não **dormimos** nada durante a viagem.

Sr. Soares - Tu não **dormiste**, mas eu **dormi**. No entanto, também estou cansado.

C **TEXTO**

A rececionista *chamou* o porteiro e *entregou*-lhe as chaves dos quartos 606 e 607.

O porteiro é muito amável.

Quando o elevador *chegou* ao 6º piso, ele *abriu* as portas dos quartos, *acendeu* a luz e *ajudou*-os a meter as malas e os sacos lá dentro.

Quando ele *saiu*, dona Helena *fechou* as persianas e *ligou* o ar condicionado.

Pouco depois *apagou* a luz e ela e o seu marido *deitaram*-se e *adormeceram* imediatamente.

Como o Paulo e o Miguel *dormiram* bem durante a viagem, eles não têm sono.

Decidiram por isso dar uma volta a pé pela Baixa de Lisboa.

Desceram a Avenida da Liberdade até à Praça dos Restauradores, *atravessaram* o Largo do Rossio e *continuaram* pela Rua Augusta até à Praça do Comércio, de onde *admiraram* o rio Tejo e as duas magníficas pontes que o atravessam: a Ponte 25 de Abril e a Ponte Vasco da Gama.

No regresso ao hotel, *passaram* por um quiosque onde compraram alguns postais com vistas de Lisboa.

D | TEXTO

Quando a dona Helena acordou, tomou um duche e decidiu arrumar a roupa nas gavetas e nos roupeiros do quarto. Ela chamou o seu marido, mas ele continuou a dormir.

Ela precisou de cabides e por isso telefonou para a receção do hotel. A rececionista atendeu a chamada.

Rececionista - Alô...
D. Helena - Desculpe... Não se importa de mandar aqui ao quarto dois cabides para eu pendurar os casacos do meu marido?
Rececionista - Pois não... Mando já! Qual é o número do quarto?
D. Helena - É o 606.

Mais tarde, quando o senhor Soares acordou, perguntou-lhe:
Sr. Soares - Porque é que não me chamaste para eu te ajudar?
D. Helena [de mau humor] - Eu chamei-te, mas tu continuaste a dormir.

O senhor Soares pediu desculpa, levantou-se, vestiu-se e, enquanto esperou por dona Helena, ligou o rádio e ouviu o noticiário. Não ligou a televisão porque está avariada.

- Pretérito Perfeito do Indicativo:
  Verbos regulares
- Atividade oral
- Pronomes pessoais
- Objeto direto e indireto
- O que se diz para...
- Para além do texto

Pretérito Perfeito do Indicativo • Verbos regulares

	FALAR	BEBER	ABRIR
Eu	falei	bebi	abri
Tu	falaste	bebeste	abriste
Você / O Sr. / A Sra.	falou	bebeu	abriu
Ele / Ela	falou	bebeu	abriu
Nós	falámos	bebemos	abrimos
Vocês / Os Srs. / As Sras.	falaram	beberam	abriram
Eles / Elas	falaram	beberam	abriram

NOTE BEM:

Infinitivo	1ª pessoa do Pretérito Perfeito do Indicativo
Chegar Jogar	Eu cheguei Eu joguei
Começar Almoçar	Eu comecei Eu almocei
Ficar Praticar	Eu fiquei Eu pratiquei

Quando seguidas de -e, as letras -g, -ç, -c sofrem as seguintes alterações:

-g > -gu

-ç > -c

-c > -qu

Atividade oral

Tu falaste com o gerente?
Sim, (eu) falei.

Você falou com o gerente?
Sim, (eu) falei.

Ele falou com o gerente?
Sim, (ele) falou.

Vocês falaram com o gerente?
Sim, (nós) falámos.

Eles falaram com o gerente?
Sim, (eles) falaram.

Tu bebeste café?
Sim, (eu) bebi.

Você bebeu café?
Sim, (eu) bebi.

Ele bebeu café?
Sim, (ele) bebeu.

Vocês beberam café?
Sim, (nós) bebemos.

Eles beberam café?
Sim, (eles) beberam.

Tu abriste a porta?
Sim, (eu) abri.

Você abriu a porta?
Sim, (eu) abri.

Ele abriu a porta?
Sim, (ele) abriu.

Vocês abriram a porta?
Sim, (nós) abrimos.

Eles abriram a porta?
Sim, (eles) abriram.

9

Pronomes pessoais • Objeto direto

Ele chamou-	me
	te (informal)
	o/a (formal)
	o/a
	nos
	vos
	os/as

Atividade oral

Ele chamou-**me**?	Sim, ele chamou-**te/-o/-a**.	Não. Ele não **te/o/a** chamou.
Ele chamou-**te/-o/-a**?	Sim, chamou-**me**.	Não. Ele não **me** chamou.
Ele chamou o empregado?	Sim, chamou-**o**.	Não. Ele não **o** chamou.
Ele chamou-**nos**?	Sim, chamou-**vos**.	Não. Ele não **vos** chamou.
Ele chamou-**vos**?	Sim, ele chamou-**nos**.	Não. Ele não **nos** chamou.
Ele chamou os empregados?	Sim, ele chamou-**os**.	Não. Ele não **os** chamou.

	1ª pessoa	2ª pessoa	3ª pessoa
(singular)	me	te (informal) o, a (formal)	o, a
(plural)	nos	vos	os, as

> **NOTE BEM:**
>
> Nas 1ª, 2ª e 3ª pessoas do plural, o verbo sofre alterações quando é seguido dos pronomes **o**, **a**, **os**, **as**.
>
> (Exemplos e explicação na unidade 11, página 153.)

> **NO BRASIL DIZ-SE:**
>
> Ele **me** chamou?
> Sim, ele **o/a** chamou.
> Não, ele não **o/a** chamou.

Pronomes pessoais • Objeto indireto

Ele entregou-	me te (informal) lhe (formal) lhe nos vos lhes	a caneta.

Alguns verbos que podem ser usados com complemento direto e/ou complemento indireto

desejar	perguntar	dar	vender	indicar	fazer
apresentar	pedir	oferecer	escrever	agradecer	dizer
entregar	ler	emprestar	mostrar	levar	tirar
pagar	mostrar	comprar	enviar	trazer	ensinar

Atividade oral

Ela entregou-**me** a caneta? Ela entregou-**te**/-**lhe**? Ela entregou a caneta <u>ao professor/à professora</u>?	*Sim, entregou-te/-lhe.* *Sim, entregou-me.* *Sim, entregou-lhe.*	Não. Não **te/lhe** entregou. Não. Não **me** entregou. Não. Não **lhe** entregou.
Ela entregou-**nos** a caneta? Ela entregou-**vos** a caneta? Ela entregou as canetas <u>aos professores/às professoras</u>?	*Sim, entregou-vos.* *Sim, entregou-nos.* *Sim, entregou-lhes.*	Não. Não **vos** entregou. Não. Não **nos** entregou. Não. Não **lhes** entregou.

	1ª pessoa	2ª pessoa	3ª pessoa
(singular)	me	te (informal) lhe (formal)	lhe
(plural)	nos	vos	lhes

No Brasil diz-se:

Ele **me** entregou a caneta?
Sim, ele **lhe** entregou.
Não, ele não **lhe** entregou.

O que se diz para...		Como se responde:
Expressar indiferença:	*Não importa!*	
Expressar concordância:	*Pois não...* (Br.)	
Expressar probabilidade:	*Se calhar perdeste-a.*	
Pedir algo emprestado: [to borrow something / emprunter quelque chose / etwas ausleihen]	*Pode / Podes / Podia emprestar-me...*	*Com certeza! Faz favor.*
Solicitar alguma coisa a alguém (formal): [to request something / prier de faire quelque chose / jemanden um etwas bitten]	*Podiam preencher estas fichas.* [podia(m) + Infinitivo]	*Com certeza! Pois não!* (Br.)
Indicar continuação da ação:	*Tu continuaste a dormir.*	
Situar no tempo:	*Assim que o táxi parou... Há cerca de um mês. Enquanto esperou... Mando já!*	
Localizar no espaço:	*Guardaste-a noutro sítio. Lá dentro. Dar uma volta pela Baixa. Passaram por um quiosque.*	

9

EXPRESSÕES IDIOMÁTICAS:

Em que nome ficou?
Se calhar...
Deram uma volta pela Baixa.
Dá para as traseiras.

PROVÉRBIOS:

Quem dá aos pobres,

empresta a Deus.

Eles **cumprimentaram** a rececionista.
Cumprimentos à sua esposa.

O quarto é **sossegado**.
Que **sossego**!

Ela **esqueceu-se** de me entregar a caneta.
Ela é muito **esquecida**.

Ele é muito **amável**.
Obrigada pela sua **amabilidade**.

Preciso de **descansar**.
Não estou **descansada**.
Hoje é dia de **descanso**!

Vou **arrumar** a roupa.
Vou fazer **arrumações**.
O quarto está **arrumado / desarrumado.**

Ele **ligou** o ar condicionado.
Ela **desligou** o ar condicionado.
Vou fazer a **ligação**.

Ele ouviu o **noticiário**.
Tive boas / más **notícias**.

a torneira

o sabonete

a banheira

o autoclismo

o papel
higiénico

a sanita

9

A TEXTO

Entretanto, o Paulo e o Miguel chegaram do seu passeio pela Baixa.
Como estão todos cheios de fome, decidiram ir almoçar a um restaurante
muito conhecido pelos seus saborosos pratos portugueses.

Quando entraram no restaurante, o chefe de mesa foi *ao encontro deles.*

Chefe de mesa - Boa tarde. Quantos são?
Sr. Soares - Somos quatro.

Chefe de mesa - Querem ficar cá dentro ou preferem ficar lá fora na varanda?
D. Helena - Lá fora porque é mais fresquinho.

O chefe de mesa indicou-lhes uma mesa ao canto da varanda.
Pouco depois um outro empregado aproximou-se e perguntou-lhes:

Empregado - Já pediram?
Sr. Soares - Ainda não. Pode trazer o cardápio, por favor.

Empregado - Como?
Sr. Soares - Oh! Desculpe... No Brasil a gente diz cardápio. Esqueci-me que em
Portugal se diz ementa, não é?
Empregado [*sorrindo*] - Sim, sim. Agora percebo... Trago já!

B **TEXTO**

Mais tarde:

Empregado - Então já escolheram?
D. Helena - Já sim. É um caldo-verde, uma sopa de legumes e duas entradas de melão com presunto.

Empregado - Sim, senhora. E a seguir, o que é que vai ser?

Sr. Soares - Para mim e para a minha mulher é uma dose de Cozido à Portuguesa. E para ti, Miguel?
Miguel - Para mim é meia dose de Bacalhau à Braz com uma salada de alface, tomate e pepino. Não quero cenoura.

Paulo - A mim está-me apetecendo um bife com molho de cogumelos. Qual é o acompanhamento?
Empregado - Puré de batata.

Paulo - Em vez de puré de batata pode ser batatas fritas?
Empregado - Pode sim. Quer o bife bem passado?
Paulo - Não. Prefiro mal passado.

Empregado - E para beber?
Sr. Soares - Meia garrafa de vinho tinto.

D. Helena - E uma garrafa de água mineral.
Empregado - Fresca ou natural?
D. Helena - Bem fresca.

Empregado - Com gás ou sem gás?
D. Helena - Tanto faz!

Empregado - E para vocês?
Miguel - Um suco de abacaxi e um guaraná bem gelado.

Paulo - Demora muito?
Empregado - Não, não demora nada. Está já a sair!

C TEXTO

Pouco depois, o empregado *trouxe* os pratos, os copos, os guardanapos e os talheres: as colheres, as facas e os garfos. No centro da mesa *pôs* um cestinho com pão, manteiga e queijo e uma tacinha com azeitonas. Enquanto ele não *veio* com as entradas, eles *foram* petiscando e conversando.

Mais tarde:

D. Helena *[provando a sopa]* – O caldo-verde está delicioso, mas tem falta de sal. Miguel, podes passar-me o saleiro, por favor?

*Dona Helena *pôs* o sal, mas exagerou um pouco.*

D. Helena – Parece que *pus* sal a mais! Agora está salgada, mas não faz mal.
Sr. Soares – Pois... mas sabes que o sal faz mal à saúde!
D. Helena – Sim, sei, mas prefiro salgada a insonsa.

Miguel – O que quer dizer "insonsa"?
D. Helena – Quer dizer que não tem sal.

*Quando o empregado *viu* que eles tinham acabado de comer a entrada, *trouxe* os outros pratos. Ele *pôs* as travessas na mesa e começou a servir o Miguel.*

Miguel – Basta! Chega! Não quero mais, obrigado.

Sr. Soares *[dirigindo-se a Paulo]* – Hum! O teu bife está cheirando muito bem! Está bom?
Paulo – Está um pouco duro, mas está muito gostoso. Sabe bem a alho e a vinho.

Sr. Soares – O cozido também está muito saboroso. As carnes estão muito tenras e os legumes estão muito frescos.
D. Helena – E o chouriço está picante como eu gosto.
Miguel – O bacalhau também está uma delícia!

TEXTO TEXTO TEXTO **D** **TEXTO**

Quando acabaram de comer, o senhor Soares chamou o empregado.

Sr. Soares – Faz favor...

Empregado – Querem sobremesa?
Miguel – Claro! Isso nem se pergunta!

D. Helena – Nós somos todos muito gulosos! Pode trazer um pudim flan, um arroz-doce, uma maçã assada e morangos com *chantilly*.

Empregado – Lamento, mas já não há morangos...
D. Helena – Ai! Que pena! Eu que gosto tanto de morangos! Bem, paciência! Pode trazer uma salada de frutas.

Quando acabaram de saborear as deliciosas sobremesas, o senhor Soares tornou a chamar o empregado.

Sr. Soares – A conta, por favor!

O empregado fez *a soma e entregou o talão ao senhor Soares.*

Como ele foi *muito amável, o senhor Soares* deu*-lhe uma boa gorjeta e* foi *à caixa pagar.*
Em seguida, foram *todos a uma esplanada tomar uma bica.*
Miguel preferiu comer um gelado de baunilha.

- Pretérito Perfeito do Indicativo:
  Verbos irregulares
- O que se diz para...
- Para além do texto

Pretérito Perfeito do Indicativo • Verbos irregulares

IR

Eu	fui	ao restaurante.
Tu	foste	aos correios.
Você / O Sr. / A Sra.	foi	às compras.
Ele / Ela	foi	à Baixa.
Nós	fomos	de avião.
Vocês / Os Srs. / As Sras.	foram	a pé.
Eles / Elas	foram	trabalhar.

SER

Eu	fui	convidado/a.
Tu	foste	bem atendido/a?
Você / O Sr. / A Sra.	foi	malcriado/a.
Ele / Ela	foi	campeão/campeã.
Nós	fomos	simpáticos/as.
Vocês / Os Srs. / As Sras.	foram	antipáticos/as.
Eles / Elas	foram	estúpidos/as.

	Eu	Tu	Você/Ele/Ela	Nós	Vocês/Eles/Elas
Trazer	trouxe	trouxeste	trouxe	trouxemos	trouxeram
Pôr	pus	puseste	pôs	pusemos	puseram
Vir	vim	vieste	veio	viemos	vieram
Ver	vi	viste	viu	vimos	viram
Fazer	fiz	fizeste	fez	fizemos	fizeram
Dar	dei	deste	deu	demos	deram

O que se diz para...

Expressar concordância:	Sim, senhora. / Claro!
Expressar indiferença: [indifference / indifférence / Gleichgültigkeit]	Tanto faz! / Não faz mal.
Expressar desapontamento: [disappointment / déception / Enttäuschung]	Que pena!
Expressar pesar: [regret / regret / Kummer]	Lamento, mas...
Expressar resignação:	Bem, paciência!
Pedir para esclarecer: [to make clear / rendre plus clair / um Erklärung bitten]	Como?
Inquirir sobre o significado de uma palavra: [meaning of a word / ce qu'un mot veut dire / Bedeutung eines wortes]	O que quer dizer "insonsa"?
Situar no tempo:	Entretanto, eles chegaram. A seguir o que vai ser? Pouco depois...
Localizar no espaço:	Cá dentro. / Lá fora.
Indicar quantidade:	Pus sal a mais.
Indicar intensidade:	Estão cheios de fome. Gosto tanto de morangos! Bem gelada.
Indicar suficiência:	Basta! Chega!
Indicar alternativa:	Em vez de... pode ser...
Indicar pequenez: [smalness / petitesse / Kleinheit]	Um cestinho. / Uma tacinha.
Indicar afeto:	Está mais fresquinho.
Indicar sabor: [taste / goût / Geschmack]	Sabe a alho. Está salgado / insonso / picante.
Indicar odor:	Cheira bem.

EXPRESSÕES IDIOMÁTICAS:

Tanto faz!
Não faz mal.
Faz mal à saúde.
O que quer dizer "insonsa"?

O Paulo e o Miguel chegaram do seu **passeio**.
Eles foram **passear**.

Demora muito?
O serviço está muito **demorado**?

Gosto muito de **petiscar**.
Este prato é um **petisco**!

O sal faz mal à **saúde**.
Comida salgada não é **saudável**.

A comida tem bom **sabor**.
A comida está **saborosa**.
Estou a **saborear** este vinho.

Quero água com **gelo**.
Vou comer um **gelado**.
As cervejas estão na **geleira** (*Br. geladeira*).
A sobremesa está a **gelar** no **congelador**.

EMENTA

Entrada
Amêijoas à Espanhola

Sopa
Sopa Juliana

Peixe
Bacalhau assado no forno
Filetes de pescada
Linguado grelhado

Carne
Costeletas de porco grelhadas
Feijoada à Brasileira
Caldeirada de cabrito
Leitão assado no forno

Sobremesa
Pudim de laranja

10

Carne, Peixe e Aves

A vitela

A vaca

A ovelha

O porco

O coelho

O carneiro

O peixe

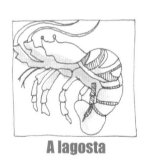

A lagosta

O bacalhau

O peru

A galinha / O frango

O pato

Como quer?

Cozido

Frito

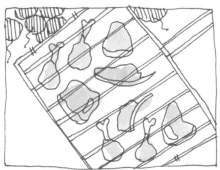

Grelhado/
Assado na brasa

Assado no forno

Estufado / Guisado

10

Legumes e Verduras

A alface

Os tomates

As cebolas

Os cogumelos

A couve-flor

O feijão-verde

O molho de cenouras

O molho de rabanetes

Os pepinos

As batatas

Os alhos

As ervilhas

Os feijões

Frutos

As bananas

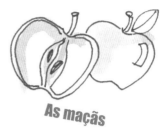

As maçãs

O ananás
(Br.: abacaxi)

Os morangos

O cacho de uvas

As peras

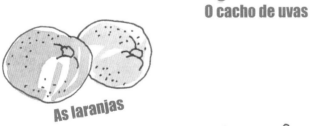

As laranjas

Os pêssegos

Os limões

A TEXTO TEXTO TEXTO TEXTO

Quando chegaram ao hotel, dona Helena telefonou à sua cunhada que, como sabemos, está no Algarve a passar férias com o resto da família.

Ela procurou primeiro o indicativo do Algarve na lista telefónica e, em seguida, marcou o número.

D. Helena *[marcando o número]* - Dois / oito / nove / cinco / um / quatro / sete / meia.
D. Luísa *[do outro lado da linha]* - Estou... Quem fala?
D. Helena - Adivinha...

D. Luísa - Ah! És tu Lena. Que surpresa! Então, fizeram boa viagem?
D. Helena - Sim, graças a Deus fizemos. Foi um pouco cansativa mas já recuperámos. E por aí, tudo bem?

D. Luísa - Menos mal. O Artur **esteve** doente a semana passada e eu também **estive** de cama uns dias.
D. Helena - Ai sim? O que é que **tiveram**?

D. Luísa - Eu **tive** gripe e o Artur **teve** uma grande constipação, mas felizmente já estamos bons. E o Paulo e o Miguel, como vão?
D. Helena - Vão bem. Eles estão ansiosos por ver os primos.

D. Luísa - O Carlos e a Joana também querem vê-los e levá-los a passear pelo Algarve.
D. Helena - Que beleza! Eles vão ficar muito felizes!

TEXTO **B TEXTO** TEXTO TEXTO

D. Luísa - Olha, o Carlos e a Joana estão a perguntar se vocês trouxeram chocolates e rebuçados do Brasil.
D. Helena - Sim. Trouxemos um balúrdio!

D. Luísa - E não **tiveram** problemas na alfândega?
D. Helena - Não, não tivemos. O funcionário da alfândega **quis** inspecionar os sacos, viu-os mas não **disse** nada.

D. Luísa - Que sorte! Compraram-nos naquela famosa loja de bombons em São Paulo?
D. Helena - Sim, sim. Comprámo-los lá.

D. Luísa - E **puderam** trazer as latas de palmitos que nós vos encomendámos?
D. Helena - Sim, **pudemos**. Trouxemos uma data delas.

D. Luísa - Trouxeram-nas convosco?
D. Helena - Não, não **pudemos** trazê-las connosco por causa do peso. Por isso, pusemo-las numa caixa e mandámo-las como bagagem não acompanhada.

D. Luísa - Fizeram bem. E puseram-nas no seguro?
D. Helena - Sim, pusemos.

D. Luísa - E quando é que vão chegar?
D. Helena - Devem chegar hoje. Por isso, vamos buscá-las amanhã ao aeroporto.

D. Luísa - Olha, **soubeste** que a Carla se casou com um empresário brasileiro?
D. Helena - **Soube**, sim. **Li** a notícia numa revista brasileira. E tu foste ao casamento?
D. Luísa - Fui sim. Foi um casamento muito elegante.

A noiva   O noivo

 **C TEXTO**

D. Helena - Olha, desculpa, mas tenho de desligar porque o Jorge precisa de fazer umas chamadas. Ele manda um abraço. Beijinhos aos miúdos. Adeus, até para a semana.
D. Luísa - Até para a semana. Prazer em ouvir-te. Um beijão.

O senhor Soares ligou primeiro para o seu sócio, o senhor Martins, mas enganou-se no número. Em vez de marcar 978 marcou 987.
Ele tornou a ligar e o telefone deu sinal de impedido.

-"Que azar!"- **disse** ele já impaciente.

Mais tarde tentou outra vez e, finalmente, conseguiu a ligação.
A secretária do senhor Martins atendeu a chamada.

Secretária - Martins e Soares. Boa tarde.
Sr. Soares - Boa tarde. Fala Jorge Soares. Queria falar com o senhor Martins. Ele ainda aí está?
Secretária - Acho que não, mas não tenho a certeza. Vou ligar para o gabinete dele. Não desligue por favor.

Um pouco mais tarde:

Secretária - Creio que já saiu porque o telefone tocou e ninguém atendeu. Quer deixar um recado?
Sr. Soares - Sim. Pode dizer-lhe, por favor, que o Soares telefonou. Estou hospedado no Hotel Ipanema, no quarto 606.
Secretária - Está bem, senhor Soares. Pode ficar descansado que eu dou-lhe o recado.
Sr. Soares - Olhe, já agora pode tomar nota do número do meu telemóvel? É o 962 710 193.
Secretária - Muito bem, senhor Soares. Boa tarde.
[Desligando o telefone] - Com licença...

TEXTO　TEXTO　TEXTO　**D　TEXTO**

O senhor Soares fez mais umas chamadas e, quando acabou de as fazer, foi a uma agência de aluguer de automóveis para alugar um carro.

Na agência:

Sr. Soares – Boa tarde. Eu estou a passar férias aqui em Portugal com a minha família e desejava alugar um carro.
Empregado – Que tipo de carro deseja?
Sr. Soares – Quero um carro médio, isto é, nem muito pequeno nem muito grande, confortável e económico. E com ar condicionado.

O empregado da agência mostrou ao senhor Soares uma brochura com os diferentes modelos e tarifas.

Sr. Soares – As tarifas são por quilómetro?
Empregado – Não, não. São diárias, semanais ou mensais.
Sr. Soares – E o seguro é à parte?
Empregado – Não. Já está incluído. É contra todos os riscos.

O senhor Soares escolheu um carro, mostrou ao empregado a sua carta de condução internacional, preencheu um formulário e pagou o sinal. Em seguida, foi a uma bomba de gasolina para encher o depósito do carro e para verificar o nível do óleo e a pressão dos pneus.
Como já têm carro, à noite vão todos jantar a uma casa de fados no Bairro Alto.
Dona Helena adora ouvir cantar o fado!

- Pretérito Perfeito do Indicativo: Verbos irregulares
- Conjugação pronominal

- O que se diz para...
- Para além do texto

Pretérito Perfeito do Indicativo • Verbos irregulares

	Eu	Tu	Você/Ele/Ela	Nós	Vocês/Eles/Elas
Ter	tive	tiveste	teve	tivemos	tiveram
Estar	estive	estiveste	esteve	estivemos	estiveram
Querer	quis	quiseste	quis	quisemos	quiseram
Dizer	disse	disseste	disse	dissemos	disseram
Poder	pude	pudeste	pôde	pudemos	puderam
Saber	soube	soubeste	soube	soubemos	souberam
Ler	li	leste	leu	lemos	leram

Conjugação pronominal

O Carlos e a Joana gostam muito dos <u>primos</u>.
Eles querem **vê-los**. *[ver+os > vê*-los]*
Eles vão **levá-los** a passear. *[levar+os > levá*-los]*

Compraram <u>os chocolates</u> em São Paulo?
Sim, (nós) **comprámo-los** lá. *[comprámos+os > comprámo(s)-los]*

Onde é que puseram <u>as latas de palmitos</u>?
(Nós) **Pusemo-las** numa caixa. *[pusemos+as > pusemo(s)-las]*

> ***** Quando a forma verbal termina em **-r**, **-s** ou **-z** estas consoantes caem e os pronomes **o**, **a**, **os**, **as** tomam as formas **-lo**, **-la**, **-los**, **-las**.

D. Helena – Trouxemos <u>latas de palmitos</u>.
D. Luísa – (Vocês) **Trouxeram-nas** convosco? *[trouxeram+as > trouxeram-nas]*

D. Helena – Comprámos quase cinco quilos de <u>chocolates</u>.
D. Luísa – **Compraram-nos** em São Paulo? *[compraram+os > compraram-nos]*

> Os pronomes pessoais **o**, **a**, **os**, **as** tomam as formas **-no**, **-na**, **-nos**, **-nas** quando a forma verbal termina em som nasal (**-am**, **-ão** ou **-õe**).

11

O que se diz para...		Como se responde:
Expressar surpresa:	*Que surpresa!*	
Expressar satisfação:	*Que beleza!* (Br.) *Que sorte!*	
Expressar desapontamento:	*Que azar!*	
Expressar concordância:	*Fizeram bem!*	
Expressar incerteza:	*Não tenho a certeza.*	
Expressar probabilidade:	*Devem chegar hoje.*	
Agradecer a Deus: [*to thank God / remercier Dieu / sich bei Gott bedanken*]	*Graças a Deus.*	
Inquirir sobre a saúde de alguém:	*Como vão?*	*Menos mal.* *Vão bem.*
Despedir-se ao telefone:	*Um abraço.* *Beijinhos.* *Um beijão.*	
Indicar quantidade:	*Um balúrdio.* *Uma data delas.*	
Indicar tamanho: [*size / grandeur / Größe*]	*grande / pequeno / médio*	
Indicar repetição da ação:	*<u>Tornou</u> a ligar.* *Tentou <u>outra vez</u>.*	
Indicar causa:	*<u>Por causa</u> do peso.*	
Indicar frequência:	*diário / semanal / mensal*	
Localizar no espaço:	*E por <u>aí</u>...?* *Passear <u>pelo</u> Algarve.*	

11 **EXPRESSÕES IDIOMÁTICAS:**

Como vão?
Menos mal.
Fizeram bem.
Já agora...
À parte...

Que **surpresa**!
Fiquei **surpreendida** com a notícia.
Nada me **surpreende**.

Apanhei uma **constipação**.
Estou muito **constipado**.
Constipei-me.

Mandei como bagagem não **acompanhada**.
Vou **acompanhar**-te.
Qual é o **acompanhamento**?
Gosto muito da vossa **companhia**.

Ela **casou-se**.
Eu fui ao **casamento** dela.
Ela é **casada**.

O seguro é contra todos os **riscos**.
Prefiro não me **arriscar**.

Desculpe. É **engano**.
Desculpe. **Enganei-me**.

Eu tenho carta de **condução**.
Eu **conduzo** devagar.
Eu sou um bom **condutor**.

Na bomba de gasolina	Na estação de serviço
Podia encher o depósito.	O carro precisa de uma revisão.
Queria 20 litros Super.	O carro está avariado.
Normal.	O carro não pega.
Sem chumbo.	Podia verificar os travões.
O pneu está vazio.	A bateria está descarregada.
Podia ver a pressão dos pneus.	O pisca-pisca não funciona.
O pneu tem um furo.	O carro tem de ser rebocado.
Podia encher os pneus.	
Podia mudar o pneu.	
Podia verificar o óleo.	
Podia limpar o para-brisas.	
Podia ajustar os faróis.	

**Perigo
Desligue o motor
É proibido fumar**

 **A** **TEXTO** TEXTO TEXTO TEXTO

Dona Helena está ansiosa por ir à Baixa de Lisboa fazer compras.
Felizmente, o senhor Soares irá ter uma reunião com o seu sócio e,
como tal, não poderá acompanhá-la.
Ainda bem, porque ela detesta fazer compras com o seu marido!

Quanto ao Paulo e ao Miguel, eles irão ambos a Belém visitar o Mosteiro
dos Jerónimos, a Torre de Belém e o Monumento dos Descobrimentos.
Claro que eles irão também à famosa pastelaria de Belém comer os
seus deliciosos pastéis de Belém!
Mais tarde, encontrar-se-ão todos no hotel.

Sr. Soares - Não esperes por mim para o almoço porque eu não sei a que horas a reunião **acabará** e, provavelmente, eu e o Martins **iremos** almoçar juntos.
D. Helena - Ai! Que bom! Assim **estarei** mais livre e **poderei** escolher à minha vontade.

Sr. Soares [com um sorriso irónico] - E **conseguirás** trazer tudo sozinha?
D. Helena - Não te preocupes que eu me **arranjarei**. E tu e o Martins **conseguirão** pôr toda a conversa em dia?

Sr. Soares - Duvido... mas **faremos** o possível.
D. Helena - Bem, até logo. Dá cumprimentos ao Martins.
Sr. Soares - **Serão** entregues. Até logo!

B TEXTO

Numa loja, num centro comercial de Lisboa.

D. Helena *[dirigindo-se à empregada]* - Qual é o preço daquele vestido verde-claro que está na montra?
Empregada - São 250 euros. É de seda. Aquela cor está agora na moda.

D. Helena - É lindíssimo. Posso provar?
Empregada - Com certeza. Qual é o seu tamanho?

D. Helena - É o 44. Já agora, queria também ver saias e blusas.
Empregada - Em que tecido?

D. Helena - Algodão.
Empregada - Quer a blusa com manga curta ou com manga comprida?

D. Helena - Prefiro sem manga porque é mais fresca.

Dona Helena escolhe uma saia e uma blusa e pergunta à empregada:

D. Helena - Onde é o gabinete de provas?
Empregada - É ali à direita, mesmo ao pé da caixa.

C **TEXTO**

Mais tarde:

Empregada – Então, fica-lhe bem?
D. Helena – O vestido fica-me bem, mas a blusa está muito larga. Não tem por acaso um tamanho mais pequeno?

Empregada – Tenho sim. Pode experimentar esta aqui que é um número abaixo. E a saia está boa?
D. Helena – Está um pouco curta e também está muito apertada. Não tem o número acima?

Empregada – Tenho muita pena, mas só tenho este tamanho.
D. Helena – Que pena! E não **poderá** fazer-me um desconto no vestido?

Empregada – Lamento, mas não posso. É preço fixo.

Dona Helena gosta tanto do vestido que, apesar de ser muito caro, decidiu comprá-lo.
*Que **dirá** o seu marido?... **Achá-lo-á** muito caro? Bem... **será** melhor não lhe dizer o preço!*

Ela foi depois à secção de lingerie onde comprou um fato de banho, um sutiã e um par de colãs para ela.
Em seguida, foi à secção de crianças e escolheu umas calças de ganga e uma camisa de xadrez para o Miguel.

D. Helena – Quanto é tudo?
Empregada – São 350 euros.

D. Helena – Aceitam cheques?
Empregada – Aceitamos, sim. Pode pagar na caixa e levantar o saco no balcão ao lado. Muito obrigada.

Dona Helena pagou e perguntou à empregada da caixa:

D. Helena – A secção de homem é lá em cima?
Empregada – Não, não. É lá em baixo, na cave.

TEXTO　　TEXTO　　TEXTO　**D TEXTO**

Dona Helena desceu à cave para comprar uma gravata de seda para oferecer ao seu marido que está quase a fazer anos.
A escolha não foi fácil. O empregado aproximou-se e perguntou-lhe:

Empregado – Precisa de ajuda?
D. Helena – Estou indecisa. Não sei se hei de levar esta gravata lisa ou aquela ali aos quadrados.

Empregado – De que cor é o fato?
D. Helena – É azul-escuro.

Empregado – Não gosta desta aqui às riscas? Deve ficar bem com o fato.
D. Helena – Concordo consigo. Pronto! Levo essa. Podia embrulhar num papel bonito porque é um presente para o meu marido?
Empregado – Com certeza.

Entretanto, dona Helena foi à secção de roupa interior e comprou um par de meias e umas cuecas para o Paulo.
Quando foi pagar, viu um fato de homem em saldo e perguntou ao empregado:

D. Helena – Quanto custa aquele terno cinzento?
Empregado *[com um ar intrigado]* – Como?
D. Helena *[dando uma gargalhada]* – Ah! Desculpe. Esqueci-me que em Portugal não se diz "terno". Diz-se "fato". *[apontando para o fato]* – Qual é o preço?

Empregado – São 200 euros. É de lã pura.
D. Helena – É para o meu marido, mas as calças parecem-me um pouco compridas e o casaco também deve estar largo. **Será** melhor ele vir prová-lo. Fazem arranjos?
Empregado – Fazemos, sim.

D. Helena – Obrigada.
Empregado – Às suas ordens.

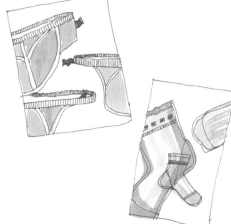

- Futuro do Indicativo:
  Verbos regulares e irregulares
- Conjugação Reflexa
- Haver + de + Infinitivo

- O que se diz para...
- Para além do texto

Futuro do Indicativo • Verbos regulares

	FALAR	BEBER	ABRIR
Eu	falarei	beberei	abrirei
Tu	falarás	beberás	abrirás
Você / O Sr. / A Sra.	falará	beberá	abrirá
Ele / Ela	falará	beberá	abrirá
Nós	falaremos	beberemos	abriremos
Vocês / Os Srs. / As Sras.	falarão	beberão	abrirão
Eles / Elas	falarão	beberão	abrirão

Futuro do Indicativo • Verbos irregulares

	DIZER	FAZER	TRAZER
Eu	direi	farei	trarei
Tu	dirás	farás	trarás
Você / O Sr. / A Sra.	dirá	fará	trará
Ele / Ela	dirá	fará	trará
Nós	diremos	faremos	traremos
Vocês / Os Srs. / As Sras.	dirão	farão	trarão
Eles / Elas	dirão	farão	trarão

NOTE BEM:

Eu **vou falar** com o meu chefe.
Tu **vais beber** chá.
Ele **vai abrir** a porta.

Na língua falada, para indicar uma ação futura, usam-se de preferência as formas do **Presente do Indicativo** do verbo **ir**, seguidas do **Infinitivo** do verbo principal.

12

Conjugação reflexa

Eu encontrar-me-**ei**
Tu encontrar-te-**ás**
Você encontrar-se-**á**
Ele encontrar-se-**á**   com ela.
Nós encontrar-nos-**emos**
Vocês encontrar-se-**ão**
Elas encontrar-se-**ão**

Na conjugação reflexa e na conjugação pronominal, os pronomes colocam-se entre o **Infinitivo** do verbo e as **terminações do Futuro**:
Eles **encontrar-se-ão** no hotel.
Ele **achá-lo-á** muito caro? [achar + o + á > achá-lo-á]

Haver + de + Infinitivo

Eu não sei	**hei de**	
Tu não sabes	**hás de**	
Você não sabe	**há de**	
Ele não sabe	**há de**	
qual		escolher.
Nós não sabemos	**havemos de**	
Vocês não sabem	**hão de**	
Eles não sabem	**hão de**	

O verbo **haver** no Presente do Indicativo, seguido da preposição **de** e de um **Infinitivo**, é por vezes usado para indicar uma ação futura e também para exprimir obrigatoriedade ou determinação em realizar uma ação.

NOTE BEM:

Eles **vão encontrar-se** no hotel.
Ele **vai achá-lo** muito caro?

Na língua falada usam-se de preferência as formas do **Presente do Indicativo** do verbo **ir** seguidas do **Infinitivo** do verbo principal e do **pronome reflexo** ou **pessoal**.

O que se diz para...		Como se responde:
Expressar contentamento: [joy / joie / Freude]	Ainda bem! Que bom!	
Expressar probabilidade:	Provavelmente irei almoçar com ele. O casaco deve estar largo. Deve ficar bem com o fato.	
Expressar dúvida: [doubt / doute / zweifel]	Duvido...	
Expressar pesar:	Tenho muita pena, mas... Lamento, mas....	
Expressar indecisão:	Não sei se hei de levar esta ou aquela.	
Expressar uma opinião:	Acho que esta fica bem.	
Expressar concordância:	Concordo consigo.	
Oferecer ajuda:	Precisa de ajuda?	
Expressar decisão final:	Pronto!	
Enviar cumprimentos:	Dá cumprimentos ao Martins.	Serão entregues.
Indicar tamanho: [size / taille / Kleidungsgröße]	Está grande / pequeno / largo / apertado.	
Indicar comprimento: [length / longueur / Länge]	Está curto / comprido.	
Indicar graduação: [grade / degré / Gradeinteilung]	Um número acima. Um número abaixo.	
Indicar consequência:	Como tal, não poderá acompanhá-la.	
Localizar no espaço:	É ao pé das caixas. Lá em cima. Lá em baixo.	

EXPRESSÕES IDIOMÁTICAS:

À minha vontade.
Fazer o possível.
Dar uma gargalhada.
Pôr a conversa em dia.

12

Ele vai ter uma **reunião**.
Ele vai **reunir**-se com os seus colegas.

Eles são **sócios**.
Eles fizeram uma **sociedade**.

Esta **pastelaria** é famosa.
Tem fama de ter uns **pastéis** muito bons.

A gravata **combina** bem com o fato.
Estas cores estão bem **combinadas**.
Que **combinação**!

A gravata tem **riscas**.
Pode **riscar** o meu nome.
Ela fez uns **riscos** no papel.

Esta cor está na **moda**.
Esta loja tem roupa **moderna**.

O casaco está muito **largo**.
Preciso de **alargar** esta saia.

Nós **arranjamos** roupa.
Fazemos **arranjos**.
O seu fato já está **arranjado**.

PROVÉRBIOS:

Quem muito escolhe, pouco acerta.

Mais vale sozinho/a do que mal acompanhado/a.

12

 **A** **TEXTO**

No dia seguinte, dona Helena e o seu marido levantaram-se cedo, arranjaram-se e prepararam-se para tomar o pequeno-almoço.
Antes de descer ao restaurante, dona Helena passou pelo quarto dos seus filhos e bateu à porta.

Paulo - Quem é?
D. Helena - Sou eu. **Abre** a porta.

Miguel continuou a dormir.

D. Helena - Miguel, **acorda** e **levanta-te**. Já são horas. **Vamos**! **Despacha-te**.
Miguel - Não me estou sentindo muito bem.

D. Helena - O que sentes?
Miguel - Estou maldisposto e acho que estou com febre.

D. Helena *[pondo a mão na testa de Miguel]* - Sim, tens a testa quente. **Fica** na cama que eu vou já telefonar para o Centro de Saúde para marcar uma consulta.

Dona Helena discou o número e a empregada atendeu a chamada.

Empregada - Centro de Saúde, bom dia.
D. Helena - Bom dia. Eu desejava marcar uma consulta para o meu filho.

Empregada - Às 11 horas convém-lhe?
D. Helena - Sim, convém-me.

Empregada - Em que nome fica a marcação?
D. Helena - Miguel Soares. Obrigada.
Empregada - De nada. Com licença...

B TEXTO

Um pouco antes das 11 horas, dona Helena e o seu filho chegaram ao consultório e dirigiram-se à receção.

D. Helena – Bom dia. Tenho uma consulta marcada para o meu filho para as 11 horas.
Empregada – É a primeira vez que vem aqui ao centro?
D. Helena – É sim.

Empregada – Então, tem de preencher esta ficha e aguardar um bocadinho na sala de espera.

Enquanto a empregada não os chama, dona Helena lê um folheto intitulado "Conselhos para uma vida longa e saudável". Eis aqui alguns desses conselhos:

- **Leve** uma vida regrada e saudável.
- **Deite-se** cedo e **levante-se** cedo.
- **Durma** 8 horas por dia.
- Não **fume**.
- Não **trabalhe** demasiado.
- **Faça** exercícios físicos.

- **Seja** otimista.
- Não se **irrite**.
- **Evite** bebidas alcoólicas.
- **Tenha** uma alimentação equilibrada.
- **Coma** verduras, cereais e frutas.
- **Evite** o açúcar, o sal e as gorduras.

D. Helena [*comentando para si própria*] – Precisamente aquilo de que eu mais gosto!

Neste momento, a empregada aproxima-se.

Empregada – **Façam** favor... **Venham** comigo.

C TEXTO

No gabinete do médico:

D. Helena - Bom dia, senhor doutor.
Médico *[levantando-se e apertando a mão de dona Helena]* - Bom dia, minha senhora. **Façam** o favor de se sentar. Olá Miguel!
Miguel *[envergonhado]* - Bom dia *[djia]*.

Médico - Ah! És brasileiro... Então, o que se passa?
Miguel - Desde ontem que não me estou sentindo muito bem.

Médico - Estás constipado?
Miguel - Me **desculpe**... Não entendo o que está dizendo...
Médico *[rindo]* - Ah, pois ! Vocês no Brasil não dizem constipado. **Desculpa** lá! Tens um "resfriado"?

Miguel - Sim, tenho e também tenho tosse e dores de cabeça.
Médico - Dói-te a garganta?

Miguel - Sim, me dói e também me doem os ouvidos.
D. Helena - Ele também se queixa de dores de barriga.

Médico - Comeste muitos chocolates, não foi?
D. Helena - Não. Comeu muitos pastéis de nata...

Médico - Ah, malandro! E dói-te muito?
Miguel - Um pouquinho, mas não muito.

TEXTO TEXTO TEXTO **D TEXTO**

Médico - Então, **despe** a camisa e **deita-te** aqui para eu te examinar.

Miguel despe a camisa e deita-se.

Médico - **Respira** fundo. **Expira**! Outra vez. Agora **abre** a boca, **deita** a língua de fora e **diz**: Ah! Ah! Ah! A tua garganta está muito inflamada. Deve ser um vírus.

O médico volta para o seu gabinete e escreve a receita.

Médico *[dirigindo-se a Miguel]* - **Toma** duas colheres de sopa de xarope para a tosse quatro vezes por dia e um comprimido de aspirina, de seis em seis horas, para a febre e para as dores de garganta.

D. Helena - Antes ou depois das refeições?
Médico - Tanto faz, mas convém sempre tomar os remédios com o estômago cheio e não com o estômago vazio, exceto, claro, aqueles que têm de ser tomados em jejum.

D. Helena - O senhor doutor não se importava de receitar também umas gotas para o nariz que está muito tapado?
Médico - Com certeza.

D. Helena - Muito obrigada, senhor doutor. Bom dia.
Médico - Bom dia. E tu, Miguel, **vai** já para a cama. Adeus e as melhoras!

Dona Helena pagou a consulta e ela e o Miguel foram para o hotel.
No caminho, passaram por uma farmácia para aviar os medicamentos.

- Imperativo, afirmativo e negativo:
  Verbos regulares e irregulares
- Atividade oral

- O que se diz para...
- Para além do texto
- O corpo humano

13

Formas do Imperativo:

Em Português há dois Imperativos: O Imperativo afirmativo e o Imperativo negativo.

Imperativo Afirmativo:

- O Imperativo afirmativo só tem duas formas próprias: *Tu* (segunda pessoa do singular - informal) e *Vós* (segunda pessoa do plural - formal).
- As outras pessoas (*você/ele/ela/nós/vocês/eles/elas*) são expressas pelas formas correspondentes do Presente do Conjuntivo (<u>Unidade 16 - páginas 201/202</u>)
- A forma <u>Vós</u> é pouco usada na linguagem quotidiana. Por essa razão não é referida neste curso. Foi substituída pela forma informal *vocês*.
- As formas do pronome pessoal (*tu/você/ele/ela/nós/vocês/eles/elas*) são omitidas.

Verbos Regulares

	Tu	Você/Ele/Ela	Nós	Vocês/Eles/Elas
Falar	Fala	Fale	Fal<u>e</u>mos	Falem
Beber	Bebe	Beba	Beb<u>a</u>mos	Bebam
Abrir	Abre	Abra	A<u>bra</u>mos	Abram

NOTE BEM:

Na primeira pessoa do plural (**nós**) o acento tónico recai na penúltima sílaba: fal<u>e</u>mos/ be<u>ba</u>mos/ a<u>bra</u>mos, etc.

Imperativo Negativo

- O Imperativo negativo não tem <u>nenhuma</u> forma própria. Para o expressar recorremos ao Presente do Conjuntivo.

	Tu	Você/Ele/Ela	Nós	Vocês/Eles/Elas
Falar	Não fales	Não fale	Não fal<u>e</u>mos	Não falem
Beber	Não bebas	Não beba	Não beb<u>a</u>mos	Não bebam
Abrir	Não abras	Não abra	Não a<u>bra</u>mos	Não abram

O Modo Imperativo emprega-se:

1. Para dar uma ordem.	**Fala** devagar. Não **fales** depressa.
2. Para dar um conselho.	**Bebe** sumo. Não **bebas** vinho.
3. Para fazer um pedido.	**Abre** a janela, por favor. Não **abras** a porta.

Verbos terminados em –ir no Infinitivo

13

Os verbos seguintes sofrem pequenas alterações no seu radical em todas as pessoas do Imperativo afirmativo e do Imperativo negativo, com exceção da 2ª pessoa do singular - forma informal (**tu**) do Imperativo Afirmativo.

	Tu	Você/O Sr./A Sra.	Nós	Vocês
Repetir	Repete	*Repita*	*Repitamos*	*Repitam*
	Não repitas	*Não repita*	*Não repitamos*	*Não repitam*
Seguir	Segue	*Siga*	*Sigamos*	*Sigam*
	Não sigas	*Não siga*	*Não sigamos*	*Não sigam*
Servir	Serve	*Sirva*	*Sirvamos*	*Sirvam*
	Não sirvas	*Não sirva*	*Não sirvamos*	*Não sirvam*
Vestir	Veste	*Vista*	*Vistamos*	*Vistam*
	Não vistas	*Não vista*	*Não vistamos*	*Não vistam*
Despir	Despe	*Dispa*	*Dispamos*	*Dispam*
	Não dispas	*Não dispa*	*Não dispamos*	*Não dispam*
Dormir	Dorme	*Durma*	*Durmamos*	*Durmam*
	Não durmas	*Não durma*	*Não durmamos*	*Não durmam*
Tossir	Tosse	*Tussa*	*Tussamos*	*Tussam*
	Não tussas	*Não tussa*	*Não tussamos*	*Não tussam*
Ouvir	Ouve	*Ouça*	*Ouçamos*	*Ouçam*
	Não ouças	*Não ouça*	*Não ouçamos*	*Não ouçam*
Pedir	Pede	*Peça*	*Peçamos*	*Peçam*
	Não peças	*Não peça*	*Não peçamos*	*Não peçam*

O verbo **subir** sofre uma pequena alteração no seu radical na 2ª pessoa do singular, forma informal (**tu**), do Imperativo afirmativo.

	Tu	Você/O Sr./A Sra.	Nós	Vocês
Subir	*Sobe*	Suba	Subamos	Subam
	Não subas	Não suba	Não subamos	Não subam

Verbos Irregulares • Imperativo Afirmativo e Imperativo Negativo

	Tu	Você/O Sr./A Sra.	Nós	Vocês
Dar	Dá	Dê	Dêmos	Deem
	Não dês	Não dê	Não dêmos	Não deem
Estar	Está	Esteja	Estejamos	Estejam
	Não estejas	Não esteja	Não estejamos	Não estejam
Ter	Tem	Tenha	Tenhamos	Tenham
	Não tenhas	Não tenha	Não tenhamos	Não tenham
Ser	Sê	Seja	Sejamos	Sejam
	Não sejas	Não seja	Não sejamos	Não sejam
Ver	Vê	Veja	Vejamos	Vejam
	Não vejas	Não veja	Não vejamos	Não vejam
Ler	Lê	Leia	Leiamos	Leiam
	Não leias	Não leia	Não leiamos	Não leiam
Fazer	Faz	Faça	Façamos	Façam
	Não faças	Não faça	Não façamos	Não façam
Dizer	Diz	Diga	Digamos	Digam
	Não digas	Não diga	Não digamos	Não digam
Trazer	Traz	Traga	Tragamos	Tragam
	Não tragas	Não traga	Não tragamos	Não tragam
Saber	Sabe	Saiba	Saibamos	Saibam
	Não saibas	Não saiba	Não saibamos	Não saibam
Querer	-	Queira	-	Queiram
	-	Não queira	-	Não queiram
Ir	Vai	Vá	Vamos	Vão
	Não vás	Não vá	Não vamos	Não vão
Vir	Vem	Venha	Venhamos	Venham
	Não venhas	Não venha	Não venhamos	Não venham
Sair	Sai	Saia	Saiamos	Saiam
	Não saias	Não saia	Não saiamos	Não saiam
Pôr	Põe	Ponha	Ponhamos	Ponham
	Não ponhas	Não ponha	Não ponhamos	Não ponham

Atividade oral

Leia em voz alta:

Dá cumprimentos à Joana.	(**Dê**... / **Dêmos**... / **Deem**...)
Está calmo.	(**Esteja**... / **Estejamos**... / **Estejam**...)
Tem um bom dia.	(**Tenha**... / **Tenhamos**... / **Tenham**...)
Em Roma **sê** Romano.	(**Seja**... / **Sejamos**... / **Sejam**....)
Vai para casa.	(**Vá**... / **Vamos**... / **Vão**...)
Lê a lição.	(**Leia**... / **Leiamos**... / **Leiam**...)
Faz o trabalho.	(**Faça**... / **Façamos**... / **Façam**...)
Vem cá.	(**Venha**... / **Venhamos**... / **Venham**...)
Sai daqui.	(**Saia**... / **Saiamos**... / **Saiam**...)
Vê este filme.	(**Veja**... / **Vejamos**... / **Vejam**...)
Põe o carro na garagem.	(**Ponha**... / **Ponhamos**... / **Ponham**...)
Diz obrigado.	(**Diga**... / **Digamos**... / **Digam**...)
Sabe os teus direitos.	(**Saiba**... / **Saibamos**... / **Saibam**...)
Traz cá o caderno.	(**Traga**... / **Tragamos**... / **Tragam**...)

NOTE BEM:

- No Imperativo afirmativo, os pronomes pessoais (formas de complemento) <u>**me**</u> / **te** / o / a / <u>**lhe**</u> / <u>**nos**</u> / <u>**vos**</u> / os / as / <u>**lhes**</u> colocam-se <u>depois do verbo</u>: **Dê-me**.
- Mas, na forma negativa colocam-se <u>antes do verbo</u>: **Não me dê**.
- No Português falado no Brasil colocam-se sempre antes do verbo: **Me dê** / **Não me dê**.

Formas de cortesia:

Em vez do Imperativo, recorremos por vezes a certas formas de cortesia, como por exemplo:

Podia + Infinitivo:	Podia abrir a janela? [*em vez de*: Abra a janela]
Não se importa de + Infinitivo	Não se importa de responder a umas perguntas? [*em vez de*: Responda a umas perguntas]
Imperfeito do Indicativo + por favor	Dizia-me as horas, por favor [*em vez de*: diga-me as horas]

NOTE BEM:

Desculpa **lá!** Diga **lá**. Venham **lá**.	Na língua falada, as formas do modo **Imperativo** são frequentemente <u>reforçadas</u> com a partícula **lá**.

Transformação do **discurso direto** em **discurso indireto** com as formas do **Imperativo**.

Discurso direto	Discurso indireto
Abre a porta!	Dona Helena <u>pediu</u> ao Paulo <u>para</u> **abrir** a porta.
Despacha-te!	Dona Helena <u>disse</u> ao Miguel <u>para</u> **se despachar**.
Despe a camisa!	O médico <u>pediu</u> ao Miguel <u>para</u> **despir** a camisa.
Vai já para a cama!	O médico <u>aconselhou</u> o Miguel <u>a</u> **ir** para a cama.

Doer

	me	a cabeça.
Dói-	**te** (informal)	o corpo?
	lhe (formal)	o estômago?
	lhe	a barriga.
	nos	os ouvidos.
Doem-	**vos**	as costas?
	lhes	as pernas.

Dói-te/-lhe a cabeça?
Sim, dói-me.

Dói-lhe o braço?
Sim, dói-lhe.

Doem-vos os ouvidos?
Sim, doem-nos.

O verbo **doer** é usado apenas nas terceiras pessoas do singular ou do plural.

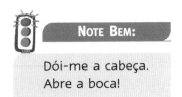

NOTE BEM:

Dói-me a cabeça.
Abre a boca!

Os adjetivos possessivos (meu / minha / teu / tua…) são omitidos quando se faz referência a partes do corpo.

O que se diz para...		Como se responde:
Pedir a alguém para se identificar:	*Quem é?*	*Sou eu* (+ nome).
Pedir a alguém para se despachar:	*Despacha-te!* (informal)	
Pedir desculpa:	*Desculpa lá!* (familiar)	
Dar um conselho:	*Vai já para a cama.*	
Inquirir sobre o estado de saúde de um doente:	*O que se passa?*	
Inquirir sobre sintomas:	*Dói-te? / Dói-lhe?*	*Sim, dói-me.* *Não, não me dói.*
Expressar dor:	*Dói-me* (+ parte do corpo).	
Expressar indisposição:	*Não me sinto muito bem.*	
Expressar probabilidade:	*Deve ser um vírus.*	
Pedir para fazer algo: (formal) [to ask someone to do something / demander à quelqu'un de faire quelque chose / bitten etwas zu tun]	*Faça / Façam o favor de...* (formal) *Não se importava de...*	
Indicar intensidade:	*Dói-me um pouquinho.* *Não trabalhe demasiado.*	
Indicar repetição:	*Outra vez...*	
Indicar frequência:	*Quatro vezes por dia.* *De seis em seis horas.*	
Indicar duração:	*Espere um bocadinho.*	
Situar no tempo:	*Vou já telefonar.* *Desde ontem que estou doente.* *Um pouco antes das 11 horas.* *Antes ou depois das refeições.*	
Localizar no espaço:	*Deita a língua de fora.* *No caminho, passou por uma farmácia.*	

EXPRESSÕES IDIOMÁTICAS:

Estar maldisposto.
Já são horas.
Tanto faz.

A que horas é a **consulta**?
Vou **consultar** um médico.
O médico trabalha no **consultório**.
Eu sou **consultor** financeiro.

Qual é o **título** do texto?
O texto **intitula**-se "Não me sinto bem".

Siga o meu **conselho**.
Aconselho-o a ir para a cama.

Evite **irritar-se**.
Estou **irritado**.
Que grande **irritação**!

Ele é **gordo**.
Ele come muitas **gorduras**.
Ele quer **engordar**.

Ela tem **tosse**.
Ela está a **tossir**.

Ele **queixou-se** à polícia.
Ele apresentou uma **queixa**.
Não sejas **queixinhas**!

PROVÉRBIOS:

Longe da vista, longe do coração.

Quem vê caras, não vê corações.

Em terra de cegos, quem tem um olho é rei.

Olhos que não veem, coração que não sente.

Mais vale um pássaro na mão do que dois a voar.

Mãos frias, coração quente, amor ardente.

Mãos quentes, coração frio, amor vadio.

Quem tem boca, vai a Roma.

Cada cabeça, sua sentença.

O corpo humano

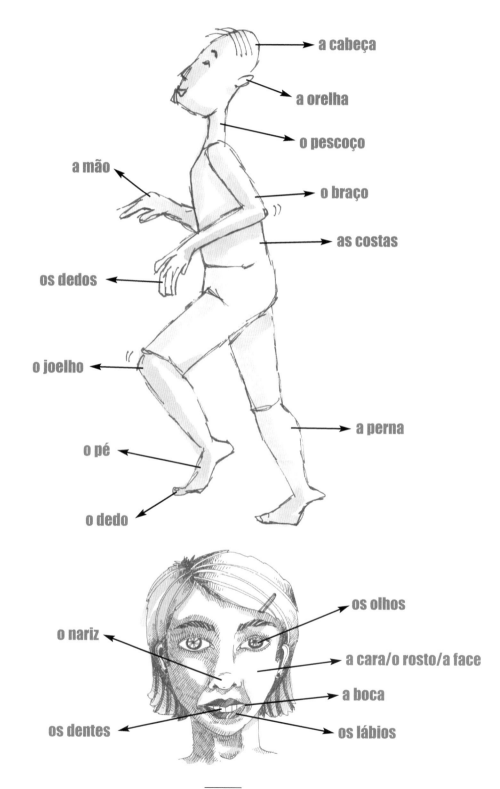

a cabeça

a orelha

o pescoço

a mão

o braço

as costas

os dedos

o joelho

a perna

o pé

o dedo

os olhos

o nariz

a cara/o rosto/a face

a boca

os dentes

os lábios

A TEXTO TEXTO TEXTO TEXTO

Miguel seguiu os conselhos do médico e no dia seguinte sentiu-se muito melhor.
Como tal, decidiram ir todos a Cascais passar lá o dia.
Cascais é uma bonita cidade perto de Lisboa onde o senhor Soares viveu antes de ter emigrado para o Brasil.

Estava um dia lindo de verão. O sol brilhava e não havia uma nuvem no céu.
Durante a viagem, o senhor Soares ia recordando os tempos em que ele trabalhava em Lisboa e fazia aquela viagem quase todos os dias.

Paulo - Que transportes apanhava?
Sr. Soares - Apanhava o comboio em Cascais até à estação do Cais do Sodré e depois ia de autocarro, da estação até ao emprego.
Miguel - Porque não ia de metro?
D. Helena - Naquele tempo não havia metro da estação para a Baixa.

Miguel - E demorava muito a chegar ao escritório?
Sr. Soares - Desde que saía de casa até chegar ao emprego, levava mais de uma hora.

Paulo - Não tinha carro?
Sr. Soares - Não, não tinha. Ganhava muito pouco. Não tinha dinheiro para comprar um carro.
D. Helena - Antigamente, os ordenados eram muito baixos.

14

Paulo - E para casa, também **ia** de trem?

Sr. Soares - Nem sempre. Às vezes **ia** de carro com um amigo que **costumava** dar-me uma boleia, mas muitas vezes **era** mais rápido ir de comboio do que de carro por causa do congestionamento do trânsito na autoestrada.

Miguel - E que **faziam** as pessoas durante a viagem?

Sr. Soares - Enquanto umas **liam** o jornal, outras **conversavam** ou **dormiam**. Às vezes eu **estava** tão cansado que **adormecia** e só **acordava** quando **chegávamos** a Cascais.

D. Helena - **Devia** ser muito maçador, não era?

Sr. Soares - Se era! Principalmente quando as carruagens **iam** superlotadas e eu **estava** estafado e, ainda por cima, **tinha** de ir de pé.

Paulo - E como **ia** para o trabalho quando havia greve dos transportes?

Sr. Soares - Greves...? Dantes não **havia** greves porque não **era** permitido.

Miguel - Como **passava** os domingos?

Sr. Soares - No verão, eu e os meus amigos **costumávamos** ir à praia de Carcavelos e **passávamos** lá o dia. Felizmente, naquele tempo não **havia** poluição e por isso **podíamos** nadar à nossa vontade em qualquer sítio.

Miguel - E que faziam?

Sr. Soares - **Nadávamos**, **jogávamos** à bola, **olhávamos** para as garotas... Bons tempos!

D. Helena [ciumenta] - Ai sim...?

C TEXTO

Quando chegaram a Cascais, deram primeiro uma volta pelo centro da cidade.

Sr. Soares - Meu Deus! Está tudo tão mudado! Olha, aqui **era** a Câmara Municipal. **Era** um edifício antigo muito bonito. **Era** cinzento e em frente **havia** umas árvores muito grandes que **davam** uma sombra maravilhosa e **havia** também uma tabacaria que **vendia** jornais e revistas. A Esquadra da Polícia **era** ao lado. Eu e a minha irmã **passávamos** aqui todos os dias quando **íamos** para a escola.

Miguel - **Iam** a pé para a escola?

Sr. Soares - Sim, **íamos**. Não **era** muito longe da nossa casa.

Paulo - E a escola **era** grande?

Sr. Soares - Não **era** nem muito grande, nem muito pequena, e **tinha** um pátio enorme onde nós **brincávamos** no recreio. Ainda me lembro da minha professora.

Miguel - Como **era** ela?

Sr. Soares - Ah! **Era** muito gira! **Chamava-se** Gabriela. Não **era** nem muito alta, nem muito baixa, **era** loira e **tinha** olhos azuis. Eu **gostava** muito dela e ela também **gostava** muito de mim. Um dia perguntou-me o que eu **queria** ser e eu respondi que **queria** ser bombeiro.

Paulo - E onde moravam?

Sr. Soares - **Morávamos** numa casa ao lado daquele prédio alto ali ao fundo *[apontando para um edifício]*. Infelizmente já foi demolida. Em frente **havia** um jardim e atrás **havia** um quintal e uma pequena horta. A minha mãe **tratava** do jardim e o meu pai **tratava** da horta.

D. Helena - E tu **costumavas** ajudá-los?

Sr. Soares - Às vezes, enquanto a minha mãe **preparava** o jantar, eu **regava** as flores.

D **TEXTO**

14

Miguel - Quando papai **andava** na escola, **era** malandro?

Sr. Soares [*sorrindo*] - Assim, assim. <u>Um dia,</u> eu e os meus amigos decidimos faltar às aulas.

Paulo - E depois... que fizeram?

Sr. Soares - Fomos para a praia.

Miguel - Para a praia...? Que desavergonhados! E que aconteceu?

Sr. Soares - Bem, o diretor da escola soube que nós **estávamos** na praia e foi lá.

Miguel - Que **estavam** fazendo?

Sr. Soares - **Estávamos** a jogar à bola. Ele chamou-nos, puxou-nos as orelhas, levou-nos para a escola e castigou-nos.

Miguel [*contente*] - Bem feito!

Paulo [*sorrindo*] - Que vergonha!

Mais tarde, já cansados de andar, sentaram-se numa esplanada em frente ao mar.

Empregado - Faz favor...

D. Helena - Um sumo de maçã bem fresco.

Sr. Soares - E, para mim, uma imperial bem gelada.

Empregado - Quer tremoços ou camarões?

Sr. Soares - Camarões. Prefiro camarões.

Paulo - Quero um sorvete de morango.

Miguel - E eu quero um guaraná e dois pastéis de nata.

D. Helena - Miguel, depois não te queixes que te dói a barriga, está bem?

- Pretérito Imperfeito do Indicativo: Verbos regulares e irregulares
- O que se diz para...
- Para além do texto

Pretérito Imperfeito do Indicativo • Verbos regulares

	FALAR	BEBER	ABRIR
Eu	falava	bebia	abria
Tu	falavas	bebias	abrias
Você / O Sr. / A Sra.	falava	bebia	abria
Ele / Ela	falava	bebia	abria
Nós	falávamos	bebíamos	abríamos
Vocês / Os Srs. / As Sras.	falavam	bebiam	abriam
Eles / Elas	falavam	bebiam	abriam

Pretérito Imperfeito do Indicativo • Verbos irregulares

	SER	TER	VIR	PÔR
Eu	era	tinha	vinha	punha
Tu	eras	tinhas	vinhas	punhas
Você / O Sr. / A Sra.	era	tinha	vinha	punha
Ele / Ela	era	tinha	vinha	punha
Nós	éramos	tínhamos	vínhamos	púnhamos
Vocês / Os Srs. / As Sras.	eram	tinham	vinham	punham
Eles / Elas	eram	tinham	vinham	punham

O Pretérito Imperfeito do Indicativo usa-se:

1. Para descrever ou narrar acontecimentos que decorreram no passado:	**Estava** um dia lindo de verão. O sol **brilhava**. Não **havia** uma nuvem no céu. A escola não **era** grande. **Tinha** um pátio. A professora **era** loira. **Tinha** olhos azuis.

14

2. Para indicar a repetição de uma ação ocorrida no passado:	Ele **trabalhava** em Lisboa. **Fazia** aquela viagem quase todos os dias. Às vezes **adormecia**. Aos domingos **íamos** à praia. Eu **regava** o jardim.

NOTE BEM:

O Pretérito Imperfeito do Indicativo do verbo **costumar** seguido do **Infinitivo** do verbo principal é alternativamente usado para indicar a repetição de uma ação no passado.

Costumávamos <u>ir</u> à praia.

Eu **costumava** <u>regar</u> o jardim.

3. Para indicar uma ação em progresso no passado:	Enquanto a minha mãe **preparava** o jantar, eu **regava** o jardim.

NOTE BEM:

O Pretérito Imperfeito do Indicativo do verbo **estar** seguido da preposição **a** e do **Infinitivo** do verbo principal, ou seguido do **Gerúndio** do verbo principal *(construção brasileira)*, é alternativamente usado para exprimir uma ação em progresso no passado.

O que **estavas** <u>a fazer</u>? / O que **estavas** <u>fazendo</u>?

Eu **estava a regar** o jardim. / **Estava regando** o jardim.

4. Para relatar aquilo que foi dito no presente:

Discurso direto	Discurso indireto
D. Helena – **Está** um lindo dia de verão.	Dona Helena <u>disse</u> <u>que</u> **estava** um dia lindo de verão.
Sr. Soares – Vocês **querem** ir a Cascais?	O senhor Soares <u>perguntou</u> aos seus filhos <u>se</u> eles **queriam** ir a Cascais.
Paulo e Miguel – Sim, **queremos**.	O Paulo e o Miguel <u>responderam</u> <u>que</u> **queriam**.
Miguel – **Vamos** de carro ou de trem?	O Miguel <u>perguntou</u> <u>se</u> **iam** de carro ou de trem.

5. Em vez do Presente do Indicativo para expressar atenuadamente desejo ou vontade **ou** Em vez do Imperativo para atenuar um pedido (Imperfeito de cortesia):	Eu **desejava**... Eu **queria**... **Podia** dizer-me... **Dizia**-me por favor...

Pretérito Perfeito <> Pretérito Imperfeito

Pretérito Perfeito	Pretérito Imperfeito
Ação pontual, definida no tempo:	*Ação durativa, não limitada no tempo:*
<u>Um dia</u>, eu e os meus amigos **faltámos** às aulas e **fomos** à praia.	O sol **brilhava** e não **havia** uma nuvem no céu.
Facto passado, não habitual:	*Facto passado, habitual:*
Quando chegámos à escola, o professor **puxou**-nos as orelhas e **castigou**-nos.	Durante a viagem, umas pessoas **liam** o jornal, outras **conversavam**, outras dormiam.

Palavras ou expressões associadas ao Pretérito Imperfeito

antigamente noutros tempos naquele tempo dantes	todos os dias / anos / meses às vezes / por vezes / muitas vezes sempre / quase sempre / nem sempre

O que se diz para...

Indicar a repetição de uma ação no passado:	*Passávamos aqui todos os dias.* *Costumávamos ir à praia.* *Ela costumava dar-me uma boleia.*
Indicar uma ação em progresso no passado:	*O que estavam fazendo / a fazer?* *Estávamos nadando / a nadar.*
Pedir informações sobre alguém ou algo (no passado):	*Como era?*
Pedir informações sobre um acontecimento: [event / événement / Ereignis]	*O que aconteceu?*
Fazer comentários negativos:	*Bem feito! Que vergonha!*
Indicar tamanho:	*Não era nem muito grande, nem muito pequena.*
Indicar estatura: [height (of a person) / taille / Größe]	*Não era nem muito alta, nem muito baixa.*
Indicar intensidade:	*Estava tão cansado que adormecia.* *Está tudo tão mudado!*
Indicar consequência:	*Estava tão cansado que adormecia.*
Indicar causa:	*Por causa do congestionamento do trânsito.*
Indicar simultaneidade:	*Enquanto uns liam, outros conversavam.*
Situar no tempo:	*Antigamente, os ordenados eram baixos.* *Naquele tempo não havia Metro.* *Dantes não havia greves.* *Nem sempre ia de comboio.* *Desde que saía de casa.*
Localizar no espaço:	*Podíamos nadar em qualquer sítio.* *Deram uma volta pelo centro da vila.* *Aquele prédio ali ao fundo.*

EXPRESSÕES IDIOMÁTICAS:

Se era!
Ainda por cima...
Dar uma volta.
Dar sombra.
Bem feito!

Vamos **recordar** o passado.
Isto é uma **recordação** do Brasil.

Era mais **rápido** ir de comboio.
Fomos no **rápido** para o Algarve.
Ele fez o trabalho com **rapidez**.
A viagem foi **rápida**.

A viagem era muito **maçadora**.
Que **maçada**!
Não me **maces**!

Naquele tempo não havia **poluição**.
Os rios estão muito **poluídos**.
Não devemos **poluir** o ambiente.

Está tudo tão **mudado**!
Há muitas **mudanças**.
Vamos **mudar** de casa.

Nós **brincávamos** no pátio.
Ele tem muitos **brinquedos**.
Ele é muito **brincalhão**.
Não quero **brincadeiras**.

Tenho **vergonha**.
Sou **envergonhado**.
Não me **envergonhes**!
Que **desavergonhados**!

Ela tem cabelo liso.
Ela tem o nariz grosso.
Ela tem os lábios grossos.

Ela tem cabelo frisado.
Ela tem o nariz fino.
Ela tem os lábios finos.

Ele é careca.
Ele tem barba e bigode.
Ele usa óculos.

A TEXTO

15

Quando chegaram ao hotel, o senhor Soares decidiu telefonar aos seus pais que **têm estado** a passar férias numas termas no Norte do país.

D. Helena fez a ligação e a sua sogra atendeu a chamada.

D. Beatriz - Olá querida, como **tens passado**?
D. Helena - Menos mal. E a mãe e o pai, **têm passado** bem?

D. Beatriz - Como...? Desculpa! Podes falar mais alto? Não estou a ouvir bem. Estou um pouco surda e está aqui um ruído na linha.

D. Helena *[gritando]* - A mãe e o pai **têm-se sentido** melhor ultimamente?
D. Beatriz - Nem por isso. Eu **tenho-me sentido** um pouco cansada e o pai **tem tido** bronquite.

D. Helena - Com certeza **tem fumado** muito, não?
D. Beatriz - Não, não. Ele parou de fumar há uns meses.

D. Helena - Fez bem porque o tabaco faz muito mal à saúde. E **têm ido** ao médico?
D. Beatriz - Sim, **temos ido** regularmente e também **temos feito** dieta e **temos comido** muitas verduras e muita fruta. E todas as tardes **temos dado** um passeio a pé pelo campo.

D. Helena - Fazem bem. Andar a pé faz muito bem à saúde.

B TEXTO

D. Helena – E **tem tido** notícias da sua irmã?

D. Beatriz – Não. Ultimamente ela não **tem escrito** e eu também não lhe **tenho telefonado**. E os meus netos brasileiros, como estão?

D. Helena – Graças a Deus estão bons e muito crescidos. Eles estão desejosos de ver os avós. Quando é que voltam para o Algarve?

D. Beatriz – Estamos a contar ir amanhã ou depois.

D. Helena – E **têm gostado** de estar aí?

D. Beatriz – Sim, **temos gostado** imenso. Estas águas das termas **têm-nos feito** muito bem ao reumatismo.

D. Helena – E como **tem estado** o tempo?

D. Beatriz – Até agora **tem estado** bom. Felizmente não **tem feito** muito calor. E no Brasil, **tem chovido** muito, não tem?

D. Helena – Sim, **tem chovido** bastante e **tem havido** grandes cheias no Sudoeste. Infelizmente **tem morrido** muita gente.

D. Beatriz – Pois, pois. Nós **temos visto** na televisão. E tu e o Jorge **têm ido** ao Rio de Janeiro visitar os vossos compadres?

D. Helena – Não, não **temos ido** porque não **temos podido** ir lá. **Temos andado** muito ocupados. Ultimamente eles é que **têm vindo** visitar-nos. Bem, mãe, vou passar o telefone ao Jorge que está ansioso por falar convosco. Beijinhos dos seus netos. Um abraço ao pai. Vemo-nos para a semana no Algarve. Adeus. Um beijinho.

C   TEXTO

*Depois de falar com os seus pais, o senhor Soares fez um telefonema
para o seu sócio com quem* **tinha combinado** *encontrar-se mais tarde.*

Do outro lado da linha, a secretária atendeu a chamada.

Secretária - Martins e Soares, boa tarde.
Sr. Soares - Boa tarde. Daqui fala Jorge Soares.

Secretária - Como vai, senhor Soares?
Sr. Soares - Vai-se andando. E a menina, como vai?

Secretária - Vou bem, obrigada. Deseja alguma coisa?
Sr. Soares - Desejava falar com o senhor Martins. Ele está aí?

Secretária - Ele saiu há pouco com um cliente. Foi ali abaixo tomar um café,
mas não deve demorar. Quer deixar um recado?

Sr. Soares - Sim, por favor. Eu **tinha-lhe dito** que ia estar aí por volta das
três horas, mas tenho que ir ao banco e dar outras voltas e por isso devo
chegar um pouco mais tarde. Pode dar-lhe o recado, está bem?

Secretária - Com certeza. Pode ficar descansado. Até já.
Sr. Soares - Até já. Com licença.

TEXTO   TEXTO   TEXTO   **D**   **TEXTO**

O senhor Soares está com pouca sorte!

Quando chegou ao banco, este já tinha fechado. Felizmente que eles tinham trazido suficientes cheques de viagem do Brasil!

Foi depois a uma relojoaria para arranjar o seu relógio, mas tinha encerrado para o almoço e ainda não tinha aberto!

Passou por um quiosque para comprar o jornal da manhã, mas já tinham vendido os jornais todos e o jornal da tarde ainda não tinha saído!

Decidiu ir pôr umas moedas no parquímetro onde tinha estacionado o carro, mas já tinha apanhado uma multa!

Foi a uma sapataria para comprar uns sapatos que tinha visto na montra no dia anterior, mas já tinham sido vendidos.

Quando chegou ao escritório, o seu sócio ainda não tinha chegado e por isso ele teve de esperar por ele.

Sr. Soares - Que chatice! Hoje está tudo a calhar mal!

- Particípio Passado
- Pretérito Perfeito Composto
- Pretérito Mais-que-Perfeito
  Composto

VAMOS EXPLORAR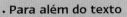

- O que se diz para...
- Para além do texto

Particípio Passado

Falar	Beber	Ouvir
falado	bebido	ouvido

15

Pretérito Perfeito Composto

Presente do Indicativo do verbo ter + Particípio passado

Eu **tenho passado** bem.

Tu **tens fumado** muito.

Você / O Sr. / A Sra. **tem gostado** de estar aí?

Ele / Ela **tem dado** muitos passeios a pé.

Nós **temos comido** muita fruta.

Vocês / Os Srs. / As Sras. **têm ido** ao médico.

Eles / Elas **têm tido** notícias da família.

Particípios Passados Irregulares

Ganhar	Gastar	Pagar	Escrever	Dizer	Fazer	Ver	Abrir	Vir	Pôr
Ganho	Gasto	Pago	Escrito	Dito	Feito	Visto	Aberto	Vindo	Posto

O Pretérito Perfeito Composto usa-se:

1. Para exprimir uma ação que começou no passado e que se <u>prolonga</u> até ao momento da enunciação, isto é, até ao momento em que é referida:	<u>Até agora</u> **tenho passado** bem de saúde. <u>Ultimamente</u> não **tenho tido** notícias. Aqui tem **chovido** bastante.
2. Para exprimir uma ação ou série de ações <u>repetidas</u> no passado e que se prolongam até ao momento em que são referidas:	Nós **temos comido** verduras todos os dias. Ele **tem ido** regularmente ao médico. Eles **têm saído** todas as tardes.

Pretérito Mais-que-Perfeito Composto

Pretérito Imperfeito do Indicativo do verbo ter + Particípio passado

Eu já **tinha acabado** o trabalho

Tu já **tinhas comido**

Você já **tinha servido** o jantar

O sócio do senhor Soares já **tinha saído**

quando ele chegou.

Nós ainda não **tínhamos almoçado**

Vocês já **tinham ido** para casa

Eles já **tinham vendido** os sapatos

O Pretérito Mais-que-Perfeito Composto usa-se:

1. Para exprimir uma ação passada *(ação 1)* que ocorreu <u>antes</u> de outra ação também passada *(ação 2)*:

Ação 1:	Ação 2:
O banco já **tinha fechado**	quando ele chegou.
Eles já **tinham vendido** os jornais	

2. Para relatar o que foi dito no Pretérito Perfeito Simples:

Discurso direto	Discurso indireto
— Ele **parou** de fumar.	Dona Beatriz <u>disse que</u> o seu marido **tinha parado** de fumar.
— O senhor Martins **foi** ao café.	A secretária <u>disse que</u> o senhor Martins **tinha ido** ao café.

O que se diz para...		Como se responde:
Perguntar pela saúde de alguém:	*Como vai?* *Como têm passado?* *Tem passado bem?* *Tem-se sentido bem?*	*Vou bem.* *Vai-se / Vamos andando.* *Menos mal.* *Nem por isso.*
Expressar obrigação:	*Tenho que / de ir ao banco.* *Ele teve que / de esperar.*	
Expressar aprovação:	*Fez bem! / Fazem bem!* *Pois, pois.*	
Expressar probabilidade:	*Ele não deve demorar.* *Devo chegar mais tarde.*	
Considerar um facto como possível:	*Com certeza tem fumado muito, não?*	
Expressar irritação:	*Que chatice!* (familiar)	
Expressar intenção:	*Estamos a contar ir amanhã.*	
Indicar intensidade:	*Podes falar mais alto?*	
Indicar quantidade:	*Tem chovido bastante.* *Trouxeram suficientes cheques.*	
Indicar frequência:	*Temos ido regularmente ao médico.* *Temos dado um passeio todas as tardes.*	
Situar no tempo:	*Parou de fumar há uns meses.* *Ultimamente tenho-me sentido cansada.* *Até agora não tem feito calor.* *Viu os sapatos no dia anterior.* *Por volta das três horas.*	
Localizar no espaço:	*Temos passeado pelo campo.* *Ele foi ali abaixo.* *No Norte. / No Sudoeste.*	

EXPRESSÕES IDIOMÁTICAS:

Menos mal.
Vai-se andando.
Está tudo a calhar mal.
Estamos a contar ir amanhã.
Nem por isso.

15

15

Fumar é mau para a saúde.
Ele é um grande **fumador**.
O **fumo** incomoda-me.

Temos dado um passeio pelo **campo**.
Amanhã vamos **acampar**.
Este é o nosso **acampamento**.
Vamos ficar num parque de **campismo**.
Há muitos **campistas** no parque.

Eles estão muito **crescidos**.
As crianças **crescem** depressa.
Tem havido um **crescimento** da população.
Nalguns países a população tem **decrescido**.

A relojoaria estava **encerrada**.
A que horas **encerra** a sessão?
Vou assistir ao **encerramento** dos Jogos Olímpicos.

Ele **estacionou** o carro em frente do parquímetro.
Onde é o parque de **estacionamento**?

Apanhei uma **multa**.
O polícia **multou**-me.

Passar férias

- à beira-mar / no litoral
- no campo
- no parque de campismo
- na reserva da natureza
- nas termas
- na montanha
- no deserto

Desastres da Natureza

- cheias / enchentes / inundações
- tremor de terra / terramoto
- tempestade / temporal
- ciclone / tufão
- incêndios

Família

O sogro
A sogra
O genro
A nora

Deficiências físicas

É cego/a.
É surdo/a.
É mudo/a.
É paralítico/a.

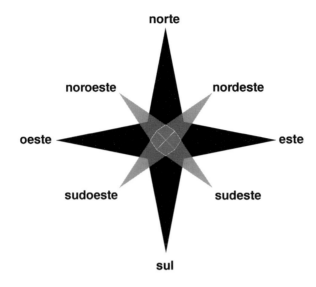

Mapa do Brasil

A TEXTO TEXTO TEXTO TEXTO

O senhor Martins e a sua esposa, a dona Carla, convidaram a família Soares para almoçar com eles antes da sua partida para o Algarve.

O senhor Martins é brasileiro e a sua esposa é italiana. Eles têm uma filha da idade do Paulo que se chama Cláudia.

Os dois jovens simpatizaram muito um com o outro e, durante o almoço, falaram sobre vários assuntos.

Paulo – Em que ano você anda?
Cláudia – Completei este ano o 12º. A semana passada fiz o último exame.

Paulo – E quando é que sabe os resultados?
Cláudia – Não faço ideia, mas <u>não creio que</u> os **saiba** antes do próximo mês. E tu?

Paulo – Eu também fiz exames, mas não me correram lá muito bem! <u>Duvido que</u> **passe**!

Cláudia – <u>Oxalá</u> te **enganes**!
Paulo – Tomara que sim, <u>para que</u> **possa** passar umas férias mais agradáveis. Devo receber os resultados na próxima semana. E você, que pensa fazer no próximo ano letivo?

Cláudia – Eu queria tirar o curso de Medicina, mas <u>não creio que</u> **consiga** média para entrar na Faculdade de Medicina. <u>Embora</u> **espere** notas boas, <u>receio</u> bem <u>que</u> não **sejam** suficientemente altas. O acesso à Universidade em Portugal é muito difícil.

B TEXTO

Paulo - Bem, falemos de coisas mais interessantes. Este assunto é muito deprimente, você não acha?
Cláudia *[rindo]* - Sim, concordo contigo. Olha, falemos antes do Carnaval. Vocês lá no Brasil divertem-se muito na altura do Carnaval, não é?

Paulo - Claro que sim. Todo o mundo se diverte. Você nunca foi lá?
Cláudia - Não, nunca fui, mas <u>talvez</u> **vá** lá no próximo ano.

Paulo - Ótimo! Você sabe que tem uma casa às ordens, tá?
Cláudia - Obrigada. E tu, também és fanático do futebol?

Paulo - Naturalmente. Eu sou brasileiro, você sabe...
Cláudia - Então achas que o Brasil vai ganhar a taça?

Miguel - A taça? Que é isso?
Paulo - Em Portugal se chama taça, mas no Brasil a gente diz copa.

Cláudia - Ah! É verdade! Já não me lembrava. Achas que o Brasil vai ganhar a Copa do Mundo?
Paulo - Claro que sim... Isso nem se discute. O Brasil tem o melhor "time" do mundo!

Cláudia - Desculpa lá..., mas <u>eu espero que</u> a Itália **ganhe**...
Paulo *[excitado]* - O que você está falando? A Itália? Nunca! <u>Para que</u> a Itália **ganhe**, <u>é preciso que</u> o Brasil não **valha** mesmo nada.
Miguel - Calma, calma. Não esquenta!

Cláudia - <u>Talvez</u> **tenhas** uma surpresa. A Itália está jogando muito bem.
Paulo - <u>Mesmo que</u> **esteja** jogando muito bem, <u>duvido que</u> **haja** algum país que **seja** superior ao Brasil.

Cláudia - Queres fazer uma aposta comigo como a Itália vai ganhar?
Paulo *[estendendo a mão]* - Nenhum problema. Quanto você quer apostar?

Cláudia *[sorrindo]* - Eh... Vou pensar...

C TEXTO

*Entretanto, os adultos falavam sobre outros assuntos mais sérios como,
por exemplo, os avanços tecnológicos, a pobreza no mundo, o crime e a
violência, as drogas, a sida, a destruição da Amazónia e do meio ambiente, etc., etc.*

Quando acabaram de almoçar, dona Carla interrompeu a conversa.

D. Carla - Ora bem! Agora que já resolvemos todos os problemas mundiais,
sugiro que **dêmos** uma volta por Lisboa pois vocês talvez já **estejam** esque-
cidos de muitas coisas.

16

D. Helena - Boa ideia! Eu gostava de tornar a visitar o Museu de Arte Antiga.
D. Carla - Podemos tentar, mas receio que a esta hora já **esteja** fechado.
Talvez **seja** melhor telefonar para saber.

Sr. Martins - Não vale a pena telefonar. Vamos lá. É muito provável que ainda
esteja aberto.

D. Helena [*dirigindo-se a Paulo e Miguel*] - Vocês querem vir connosco?
Paulo - Não. É muito "chato". Nós preferimos ir com a Cláudia a uma discoteca.

D. Carla - E vocês querem que nós vos **levemos** lá?
Cláudia - Não é preciso. Nós vamos de metro.

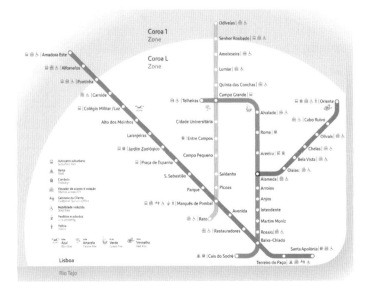

D **TEXTO**

Felizmente, o museu estava aberto e os dois casais puderam admirar os seus belos quadros pintados por famosos artistas, assim como outras admiráveis obras de arte dos séculos passados.

Quando saíram do museu, dona Carla fez outra sugestão:

D. Carla - Porque é que não vamos ao Castelo de São Jorge <u>para que</u> vocês **vejam** como Lisboa tem crescido nestes últimos anos?

D. Helena - Estou de acordo. Além disso, podemos admirar o belo pôr do sol.

Sr. Martins - E também podem apreciar a Ponte Vasco da Gama, que ainda não conhecem.

Era já tarde quando todos regressaram ao hotel, depois de um dia muito bem passado.
Como as duas senhoras não irão tornar a ver-se antes da partida para o Algarve, elas despediram-se uma da outra.

D. Carla - <u>Desejo que</u> **façam** boa viagem e que **gozem** bem as vossas férias. Deus <u>queira que</u> o tempo **esteja** bom <u>para que</u> **possam** desfrutar bem desses dias.

D. Helena - Obrigadinha. <u>Lamento que</u> não **possamos** estar mais tempo juntas. Olhe, <u>quer que</u> eu lhe **traga** alguma coisa do Algarve?

D. Carla - Sim. <u>Quero que</u> me **traga** uns queijinhos de amêndoa que eu adoro, pode ser?

D. Helena - Com certeza. Terei muito gosto em trazê-los.

Sr. Martins - Adeus. <u>Faço votos para que</u> tudo **corra** pelo melhor e <u>espero que</u> se **divirtam**. <u>Oxalá</u> **encontrem** a família bem.

D. Helena - Até à volta! Mais uma vez, obrigada por tudo.

- Presente do Conjuntivo:
  Verbos regulares e irregulares
- Voz passiva
- O que se diz para...
- Para além do texto

16

Presente do Conjuntivo • Verbos regulares

	FALAR	**BEBER**	**ABRIR**
Eu	fale	beba	abra
Tu	fales	bebas	abras
Você / O Sr. / A Sra.	fale	beba	abra
Ele / Ela	fale	beba	abra
Nós	falemos	bebamos	abramos
Vocês / Os Srs. / As Sras.	falem	bebam	abram
Eles / Elas	falem	bebam	abram

Os verbos seguintes sofrem uma ligeira alteração no seu radical.

	Eu	Tu	Você/ Ele/Ela	Nós	Vocês/ Eles/Elas
Conferir	confira	confiras	confira	confiramos	confiram
Despir	dispa	dispas	dispa	dispamos	dispam
Dormir	durma	durmas	durma	durmamos	durmam
Ouvir	ouça	ouças	ouça	ouçamos	ouçam
Pedir	peça	peças	peça	peçamos	peçam
Repetir	repita	repitas	repita	repitamos	repitam
Seguir	siga	sigas	siga	sigamos	sigam
Sentir	sinta	sintas	sinta	sintamos	sintam
Servir	sirva	sirvas	sirva	sirvamos	sirvam
Subir	suba	subas	suba	subamos	subam
Vestir	vista	vistas	vista	vistamos	vistam

Presente do Conjuntivo • Verbos irregulares

	Eu	Tu	Você/ Ele/Ela	Nós	Vocês/ Eles/Elas
Dar	dê	dês	dê	dêmos	deem
Estar	esteja	estejas	esteja	estejamos	estejam
Ter	tenha	tenhas	tenha	tenhamos	tenham
Ser	seja	sejas	seja	sejamos	sejam
Ir	vá	vás	vá	vamos	vão
Ler	leia	leias	leia	leiamos	leiam
Fazer	faça	faças	faça	façamos	façam
Vir	venha	venhas	venha	venhamos	venham
Ver	veja	vejas	veja	vejamos	vejam
Sair	saia	saias	saia	saiamos	saiam
Pôr	ponha	ponhas	ponha	ponhamos	ponham
Poder	possa	possas	possa	possamos	possam
Saber	saiba	saibas	saiba	saibamos	saibam
Dizer	diga	digas	diga	digamos	digam
Trazer	traga	tragas	traga	tragamos	tragam
Querer	queira	queiras	queira	queiramos	queiram
Haver	-	-	haja	-	-

NOTE BEM:

Na primeira pessoa do plural do Presente do Conjuntivo (nós), o acento tónico recai na penúltima sílaba: falemos / bebamos / abramos / possamos / etc.

O modo Conjuntivo usa-se:

1. Para expressar:

a) desejo

Desejo que **façam** boa viagem.

Deus queira que o tempo **esteja** bom.

Oxalá **passes** no exame.

Tomara que **passe**.

Espero que **encontrem** a família bem.

b) dúvida, incerteza, probabilidade, improbabilidade

Duvido que (eu) **passe** no exame.

Talvez **vá** ao Brasil no próximo ano.

Não creio que **consiga** média para ingressar na Universidade.

c) vontade, sugestão, *exigência

*Eu quero que (você) me **traga** uns bolos do Algarve.

*Vocês querem que nós vos **levemos** lá?

*Eu sugiro que (nós) **dêmos** uma volta por Lisboa.

[Outros verbos: Ordenar (que) / Exigir (que) / Permitir (que)]

d) receio

*Receio que o museu já **esteja** fechado.

[Outras expressões: Tenho medo que... / Tenho receio que...]

e) pena, pesar

*Eu lamento que (nós) não **possamos** estar mais tempo juntas.

[Outros verbos ou expressões: Sentir que.../ Ter pena que...]

NOTE BEM:

* Com os verbos querer, recear, lamentar, sugerir, o modo conjuntivo só é usado quando os **sujeitos** das duas orações são **diferentes**:

    Eu quero que **você** traga uns bolos do Algarve. *[Conjuntivo]*

mas **Eu** quero trazer uns bolos do Algarve. *[Infinitivo]*

2. Depois das seguintes expressões:

Para a Itália ganhar é necessário que o Brasil não **valha** nada!

É provável que o museu **esteja** aberto.

[Outras expressões: É preciso que... / É melhor que... / É possível que... É impossível que... / É lamentável que..., etc.]

16

3. Depois das seguintes conjunções ou locuções conjuncionais:	<u>Para que</u> a Itália **ganhe**, é necessário que... <u>Embora</u> eu **espere** boas notas... <u>Mesmo que</u> a Itália **esteja** jogando bem... *[Outras conjunções ou locuções: ainda que / a não ser que/ a fim de que / até que.]*

16

NOTE BEM:

Quando as conjunções e locuções conjuncionais **para que / a fim de que / até que** são substituídas pelas preposições ou pelas locuções prepositivas **para / a fim de / até**, o modo conjuntivo é substituído pelo modo infinitivo. *(unidade 19, páginas 231 e 232)*

Exemplo: <u>Para que</u> a Itália **ganhe**... = **Para** a Itália **ganhar**...

Voz Passiva

Os quadros **foram pintados por** famosos artistas.
A família Soares **foi convidada pelo** senhor Martins e **pela** dona Carla.

verbo ser + particípio passado + por (pelo/pela/pelos/pelas)

Presente do Indicativo

	CRER	VALER
Eu	creio	valho
Tu	crês	vales
Você / O Sr. / A Sra.	crê	vale
Ele / Ela	crê	vale
Nós	cremos	valemos
Vocês / Os Srs. / As Sras.	creem	valem
Eles / Elas	creem	valem

O que se diz para...

Expressar dúvida / incerteza:	*Duvido que passe no exame.* *Não creio que consiga média.*
Expressar um desejo: [wish / voeu / Wunsch]	*Oxalá encontrem a família bem.* *Deus queira que passes no exame.* *Tomara que eu passe no exame.* *Espero que se divirtam.*
Expressar uma vontade: [will / volonté / wille]	*Quero que me traga uns bolos.*
Expressar receio: [fear / crainte / Angst; Furcht]	*Receio que as notas sejam baixas.*
Expressar pesar:	*Lamento que não possamos estar juntas.*
Expressar probabilidade:	*É provável que o museu esteja aberto.* *Talvez o museu esteja fechado.*
Expressar concordância:	*Concordo contigo.* *Estou de acordo.* *Boa ideia.*
Expressar necessidade:	*É preciso que... / É necessário que...*
Fazer uma sugestão:	*Sugiro que dêmos uma volta por Lisboa.* *Porque é que não vamos ao castelo?* *Falemos de coisas mais interessantes.*
Pedir opinião:	*Você não acha?*
Confirmar uma afirmação:	*Claro que sim.* *Ah! É verdade!*
Indicar finalidade:	*<u>Para que</u> a Itália ganhe...* *<u>Para que</u> possa passar umas férias boas.*
Inquirir sobre o significado de uma palavra: [meaning of a word / ce qu'un mot signifie / Bedeutung eines Wortes]	*Taça? <u>Que é isso</u>?*
Iniciar um assunto: [subject / sujet / Thema]	*Ora bem!*
Acalmar alguém: [to calm someone down / calmer quelqu'un / jemanden beruhigen]	*Calma! Calma!*
Despedir-se de alguém:	*Adeus, até à volta.*
Reforçar um agradecimento:	*<u>Mais uma vez</u>, obrigada.*
Oferecer hospitalidade a alguém:	*Tem uma casa às ordens.*

16

Eles **simpatizaram** um com o outro.
Eles são **simpáticos**.
Ela é uma **simpatia**!

Há coisas mais **interessantes**.
Ele não tem **interesse** por nada.
Nós **interessamo-nos** por computadores.
Estou **interessada** em aprender português.

Eles falaram sobre a **pobreza** no mundo.
Há mais **pobres** do que ricos.
As pessoas estão a **empobrecer**.

Paremos com a **destruição** do meio ambiente.
Estão a **destruir** a Amazónia.
A poluição tem um efeito **destruidor**.

Ela **interrompeu** a conversa.
Houve uma **interrupção** de corrente.
Desliga o **interruptor**.

Eles **admiraram** os belos quadros.
Eles ficaram **admirados** com a beleza dos quadros.
Tenho uma grande **admiração** pelos professores.
O museu tem obras de arte **admiráveis**.
Eu sou sua **admiradora**.

Queijinhos de amêndoa

Ingredientes

250 gramas de açúcar

150 mililitros de água

250 gramas de amêndoas
peladas e moídas

6 gemas

1 colherzinha de café de
essência de amêndoa

- Leve ao lume o açúcar com a água e deixe ferver durante 5 minutos.
- Retire do lume e adicione as amêndoas peladas e moídas.
- Deixe arrefecer um pouco e junte as gemas dos ovos previamente batidas.
- Leve de novo ao lume e mexa a massa com movimentos de vaivém até secar um pouco.
- Retire do lume e deixe arrefecer.
- Adicione a essência de amêndoa.
- Com a mão faça umas bolas pequenas e achatadas.
- Passe-as por açúcar e ponha-as em caixinhas de papel.

A **TEXTO** TEXTO TEXTO TEXTO

O Carlos, a Cláudia e o Miguel combinaram encontrar-se no dia seguinte pois Cláudia quis levá-los a Sintra <u>para que</u> eles conhecessem a formosa vila e o seu antigo castelo e magnífico Palácio da Pena.

Por sua vez, dona Helena combinou encontrar-se num café com uma velha amiga que ela não via desde a última vez que veio a Portugal, enquanto o senhor Soares foi ter uma reunião com o seu sócio.

Ambos combinaram encontrar-se à hora do almoço num restaurante da Baixa.

<u>No restaurante:</u>

17

Sr. Soares - Adivinha quem eu encontrei por acaso na Baixa?
D. Helena - Não faço a mínima ideia. Quem foi?

Sr. Soares - O meu amigo Mário. Lembras-te dele?
D. Helena - Sim, lembro-me perfeitamente. Como é que ele está?

Sr. Soares - Está na mesma. Ele <u>quis que</u> eu **fosse** com ele tomar um café e estivemos a conversar. Infelizmente, há uns tempos que está desempregado.

D. Helena - Ai, sim? Coitado! E ele não quer voltar para o Brasil?
Sr. Soares - Bem, ele disse-me que **voltaria** <u>se</u> **houvesse** lá emprego para ele.

D. Helena - E tu, o que lhe disseste?
Sr. Soares - Eu <u>aconselhei-o</u> a <u>que</u> ele **fosse** lá e **tentasse** encontrar algo.

D. Helena - Como é engenheiro, talvez consiga, não achas?
Sr. Soares - Talvez. Eu <u>gostava</u> muito <u>que</u> ele **voltasse** para lá, pois temos sido sempre muito bons amigos.

D. Helena - Sim. **Seria** estupendo!

A TEXTO **B TEXTO** C TEXTO D TEXTO

D. Helena - Porque é que não o convidaste para ir ao hotel jantar connosco?

Sr. Soares - Convidei-o e ele disse que, <u>se **pudesse**</u>, **iria**, mas <u>era provável que</u> não **pudesse** ir porque ia a uma entrevista para um emprego fora de Lisboa.

D. Helena - E vão encontrar-se outra vez?

Sr. Soares - Espero que sim. Ficou combinado que, <u>se **fosse**</u> possível, **encontrar-nos-íamos** antes da nossa partida para o Brasil. Eu disse-lhe que talvez **voltássemos** do Algarve no fim do próximo mês e ele <u>pediu-me que</u> lhe **telefonasse** <u>assim que</u> **chegássemos** a Lisboa.

D. Helena - E ele deu-te o número de telefone dele?

Sr. Soares - Sim, deu-me. <u>Lamentou</u> muito <u>que</u> nós não **pudéssemos** ficar cá mais tempo porque <u>queria que</u> **fôssemos** a Trás-os-Montes <u>para que</u> **conhecêssemos** a família dele.

D. Helena - <u>Oxalá</u> **pudéssemos** ir! Eu gostava imenso de conhecer essa região, mas para isso <u>era necessário que</u> **regressássemos** do Algarve uma semana antes de partirmos para o Brasil.

Sr. Soares - Bem, logo vemos! Ah! É verdade: perguntei-lhe se queria alguma coisa do Algarve e ele <u>pediu-me</u> que lhe **trouxesse** uma garrafa de aguardente de figo. Oxalá não me esqueça. <u>Pediu-me</u> também que te **desse** cumprimentos e <u>desejou</u> que **tivéssemos** umas boas férias.

A TEXTO **B** TEXTO **C** TEXTO **D** TEXTO

Sr. Soares - E como foi o teu encontro com a tua amiga Olga?

D. Helena - Como sempre, gostei imenso de a ver. Estivemos a recordar os nossos velhos tempos passados em Angola. Pedi-lhe muito que **fosse** visitar--nos ao Brasil.

Sr. Soares - **Seria** ótimo. E ela aceitou o convite?

D. Helena - Bem, disse que **iria**, se **conseguisse** arranjar alguém que a **substituísse** no emprego, mas duvidava que isso **fosse** possível. Eu sugeri-lhe que **pedisse** a uma colega que a **ajudasse**, mas ela disse-me que, para isso, era necessário que a colega não **tivesse** também muito trabalho. No entanto, prometeu-me fazer todo o possível por ir visitar-nos.

Sr. Soares - Era bom que ela **pudesse** ir lá durante as nossas férias para que nós lhe **mostrássemos** um pouco do Brasil.

D. Helena - Ela disse-me que, depois de ter visto a telenovela brasileira *O Pantanal*, tinha ficado com vontade de conhecer essa região. Eu disse-lhe que, se ela **decidisse** ir lá, nos **avisasse** com antecedência para fazermos as marcações necessárias.

Sr. Soares - E a filha dela já se casou?

D. Helena - Vai casar-se daqui a 15 dias. O noivo é espanhol. Ela queria que nós **fôssemos** ao casamento, mas eu disse-lhe que nós **estaríamos** no Algarve e que talvez não nos **fosse** possível vir cá.

Sr. Soares - Porque não? Lembra-te que não estás no Brasil. Do Algarve aqui não são milhares de quilómetros.

D. Helena - Tens razão. Ela também disse que, se **viéssemos**, **poderíamos** ficar em casa dela.

Sr. Soares - Quando tens de lhe dar uma resposta?

D. Helena - Bem, ela pediu-me que lhe **desse** uma resposta o mais cedo possível. Eu disse-lhe que **iria** falar contigo e que lhe **telefonaria** ainda hoje.

D **TEXTO**

Sr. Soares - E tu conseguiste fazer tudo o que tinhas planeado fazer?

D. Helena - Não, não consegui porque a Olga <u>quis que</u> eu **fosse** com ela à repartição onde trabalha <u>para que</u> eu **conhecesse** as colegas dela, de modo que não tive muito tempo.
E tu, já compraste tudo o que querias?

Sr. Soares - Sim, já. Comprei também um bilhete da lotaria para ver se nos sai a sorte grande.

D. Helena - **Seria** fantástico! E o que **farias** <u>se</u> **ganhasses** a sorte grande?

Sr. Soares - Bem..., **deixaríamos** de trabalhar..., **faríamos** um cruzeiro à volta do mundo..., **iríamos** a Inglaterra e **traríamos** de lá um Rolls-Royce, **compraríamos** uma mansão na Suíça, outra no Algarve para passarmos as férias...

D. Helena - Pois, pois... E, no fim, **ficaríamos** mais pobres do que somos!

Sr. Soares - E tu, o que **farias** <u>se</u> **ganhasses** a lotaria?

D. Helena - Eu **investiria** uma parte, **gastaria** outra connosco e com a família e **ajudaria** os pobres, principalmente as crianças da rua.

Sr. Soares *[abanando a cabeça]* - Não há dúvida que este mundo **seria** muito melhor <u>se</u> **fosse** governado por vocês, mulheres!

Lotaria do Natal **ESPÉCIMEN**
20 Dezembro 2010
51.ª Ext.
Quinto 1
€9.000.000*   €15
lotaria clássica

- Pretérito Imperfeito do Conjuntivo: Verbos regulares e irregulares
- Condicional: Verbos regulares e irregulares
- Conjugação reflexa
- Conjugação pronominal
- O que se diz para...
- Para além do texto

Pretérito Imperfeito do Conjuntivo • Verbos regulares

	FALAR	BEBER	ABRIR
Eu	falasse	bebesse	abrisse
Tu	falasses	bebesses	abrisses
Você / O Sr. / A Sra.	falasse	bebesse	abrisse
Ele / Ela	falasse	bebesse	abrisse
Nós	falássemos	bebêssemos	abríssemos
Vocês / Os Srs. / As Sras.	falassem	bebessem	abrissem
Eles / Elas	falassem	bebessem	abrissem

17

Pretérito Imperfeito do Conjuntivo • Verbos irregulares

	Eu
Dar	desse
Estar	estivesse
Ter	tivesse
Ser	fosse
Ir	fosse
Ler	lesse
Fazer	fizesse
Vir	viesse
Ver	visse

	Eu
Sair	saísse
Pôr	pusesse
Poder	pudesse
Saber	soubesse
Dizer	dissesse
Trazer	trouxesse
Querer	quisesse

Eu	Tu	Você/ Ele/Ela	Nós	Vocês/ Eles/Elas
-sse	-sses	-sse	-ssemos	-ssem

O Pretérito Imperfeito do Conjuntivo usa-se:

1. Tal como o Presente do Conjuntivo, para expressar desejo, dúvida, vontade, sentimentos, <u>quando o verbo da oração principal está no passado</u>:

Oração principal *(Tempo passado)*	Oração subordinada *(Imperfeito do Conjuntivo)*
Ele <u>desejou</u>	que **tivéssemos** umas boas férias.
<u>Era</u> provável	que ela não **encontrasse** ninguém.
Ele <u>quis</u>	que eu **fosse** tomar um café com ele.
Ele <u>lamentou</u>	que nós não **pudéssemos** ficar mais tempo.

17

2. Para exprimir uma condição ou ação hipotética, possível mas de realização pouco provável:	Se **houvesse** lá emprego... Se ele **pudesse**.... Se ela **conseguisse** arranjar alguém... Se nós **ganhássemos** a sorte grande...

Transposição do discurso direto para o discurso indireto

Discurso direto *Presente do Conjuntivo*	Discurso indireto *Imperfeito do Conjuntivo*
— Talvez **voltemos** do Algarve no fim do mês.	Ele <u>disse-lhe</u> que talvez **voltassem** do Algarve no fim do mês.
— Lamento que não **possam** ficar cá mais tempo.	Ele <u>lamentou</u> que eles não **pudessem** ficar lá mais tempo.
— Quero que vocês **vão** a Trás-os--Montes.	Ele disse que <u>queria</u> que eles **fossem** a Trás-os-Montes.
— Desejo que **tenham** umas boas férias.	Ele <u>desejou que</u> eles **tivessem** umas boas férias.

Condicional • Verbos regulares

	FALAR	BEBER	ABRIR
Eu	falaria	beberia	abriria
Tu	falarias	beberias	abririas
Você / O Sr. / A Sra.	falaria	beberia	abriria
Ele / Ela	falaria	beberia	abriria
Nós	falaríamos	beberíamos	abriríamos
Vocês / Os Srs. / As Sras.	falariam	beberiam	abririam
Eles / Elas	falariam	beberiam	abririam

Condicional • Verbos irregulares

	DIZER	FAZER	TRAZER
Eu	diria	faria	traria
Tu	dirias	farias	trarias
Você / O Sr. / A Sra.	diria	faria	traria
Ele / Ela	diria	faria	traria
Nós	diríamos	faríamos	traríamos
Vocês / Os Srs. / As Sras.	diriam	fariam	trariam
Eles / Elas	diriam	fariam	trariam

O Condicional usa-se:

1. Para indicar um facto ou uma ação cuja realização está dependente de uma condição:
Ele **voltaria** para o Brasil, <u>se</u> houvesse lá emprego para ele.
Ele **iria** ao hotel, <u>se</u> pudesse.
Poderíamos ficar na casa dela, <u>se</u> viéssemos ao casamento.
Daríamos uma volta ao mundo, <u>se</u> ganhássemos a sorte grande.

2. Em vez do Pretérito Imperfeito do Indicativo, para expressar desejo ou por motivos de ordem estilística:	Eu **gostaria** de conhecer Trás-os-Montes.
	Isso **seria** ótimo!
	Eu disse-lhe que **iria** falar contigo.

NOTE BEM:

Na língua falada é mais frequente o uso do Imperfeito do Indicativo do que o do Condicional.	Eu **gostava** de conhecer Trás-os-Montes.
	Isso **era** ótimo!
	Eu disse-lhe que **ia** falar contigo.

3. Para relatar o que foi dito no Futuro do Indicativo:

Discurso Direto	Discurso Indireto
<u>Faremos</u> o possível...	Eles disseram que <u>fariam</u> o possível.

Conjugação reflexa

Eu	encontrar-me-ia	
Tu	encontrar-te-ias	
Você / O Sr. / A Sra.	encontrar-se-ia	
Ele / Ela	encontrar-se-ia	com ele.
Nós	encontrar-nos-íamos	
Vocês / Os Srs. / As Sras.	encontrar-se-iam	
Eles / Elas	encontrar-se-iam	

Conjugação pronominal

Se a amiga da dona Helena fosse ao Brasil, eles **levá-la-iam** à Amazónia.

Levá-la-iam < leva~~r~~ + la + iam

Eu	levá-la-ia	
Tu	levá-la-ias	
Você / O Sr. / A Sra.	levá-la-ia	
Ele / Ela	levá-la-ia	à Amazónia.
Nós	levá-la-íamos	
Vocês / Os Srs. / As Sras.	levá-la-iam	
Eles / Elas	levá-la-iam	

NOTE BEM:

O Condicional, tal como o Futuro do Indicativo conjugado pronominalmente ou reflexamente, é muito pouco usado na linguagem falada (unidade 12, páginas 161 e 162).

Assim, em vez de <u>eles levá-la-iam</u>, pode dizer-se:
Eles iriam / iam levá-la.

Em vez de <u>encontrar-nos-íamos</u>, diz-se de preferência:
Iríamos / Íamos encontrar-nos.

O que se diz para...

Expressar compaixão: [*pity* / *pitié* / *Mitleid*]	*Coitado!*
Expressar um desejo:	*Oxalá pudéssemos ir!* *Espero que sim!*
Expressar concordância:	*Tens razão.* *Pois, pois...*
Expressar probabilidade:	*Talvez consiga arranjar emprego.* *Era provável que não fosse ao Brasil.*
Formular hipótese de irrealidade:	*Se eu fosse milionário...*
Pedir opinião:	*Não achas?*
Indicar causa:	*... pois Cláudia quis levá-los a Sintra.* *Como ele é engenheiro...* *Porque não?*
Indicar finalidade:	*... para que conhecêssemos a família dele.* *Para isso era necessário voltar uma semana antes.*
Indicar consequência:	*... de modo que não tive muito tempo.*
Indicar quantidade:	*... não são milhares de quilómetros.*
Localizar no espaço:	*Fora de Lisboa.*
Situar no tempo:	*Desde a última vez...* *À hora do almoço.* *Há uns meses...* *No fim do próximo mês.* *Uma semana antes.* *Daqui a 15 dias.* *Assim que chegássemos a Lisboa...* *... com antecedência.* *O mais cedo possível.*

EXPRESSÕES IDIOMÁTICAS:

Está na mesma.
Sair a sorte grande.
Fazer todo o possível.
Logo vemos.

Eu vou para o **emprego** a pé.
Ele é **empregado** do banco.
Ele está **desempregado**.
Há muito **desemprego**.

Ele vai **tentar** encontrar algo.
Fez várias **tentativas**.

A minha colega está a **substituir**-me.
Ela é a minha **substituta**.
Vão fazer uma **substituição** de empregados.

É **provável** que vá ao Brasil.
Provavelmente vou ao Brasil.
Há muitas **probabilidades** de ir ao Brasil.

Recebi um **aviso** para pagar uma multa.
Tem de me **avisar** com um mês de antecedência.
Já foi **avisado**.

Vou **investir** o dinheiro.
Há um grande **investimento** no país.
Os **investidores** estão otimistas.

Tu estás a **gastar** muito dinheiro.
Tu és **gastador**.
Há sempre **gastos** extra.

PROVÉRBIOS:

Quem espera, sempre alcança.

Quem dá aos pobres, empresta a Deus.

Recordar é viver.

A **TEXTO** TEXTO TEXTO TEXTO

A Cláudia continua a servir de cicerone do Paulo e do Miguel.
Claro que eles andam radiantes, principalmente o Paulo que a acha
muito simpática e muito atraente...
Hoje ela vai levá-los ao Parque das Nações para lhes mostrar o Oceanário
e, <u>se</u> _tiverem_ tempo e <u>se</u> não _estiverem_ muito cansados, irão também ao Jardim Zoológico.

O senhor Soares e a dona Helena preferiram passar a manhã no hotel
porque têm algumas cartas para escrever e, além disso, precisam de
repousar um pouco.

Eis aqui a carta de dona Helena para a sua comadre que vive no Rio de
Janeiro. Ela chama-se Ofélia e é a madrinha do Paulo e o seu marido é o
padrinho do Miguel.

B TEXTO

Lisboa, 15-07-2002

Querida Ofélia:

Aqui estamos no nosso belo país há já quase uma semana.
É inacreditável como o tempo passa tão depressa!
Como podes imaginar, temos passeado imenso desde que chegámos e já fizemos
planos para os próximos dias, antes da nossa partida para o Algarve. Os miúdos
andam felicíssimos, principalmente o teu afilhado.

Estamos a pensar em ir hoje à noite ao teatro de São Carlos assistir a um concerto,
mas não sei se arranjaremos bilhetes ou não.
Se não **arranjarmos**, iremos ao teatro D. Maria ver uma peça de teatro que está
em cena e que, segundo dizem, é excelente.

O Jorge ainda tem uns assuntos a tratar e, por isso, só partiremos para o Algarve
quando ele **acabar** de os resolver.
Se Deus **quiser**, muito em breve, estaremos a banhar-nos nas águas cálidas do
Algarve!
Se **for** possível, iremos também a Espanha. Por isso, se **quiseres** alguma coisa de lá,
diz-me, pois eu terei muito prazer em comprar-te tudo o que **desejares**.

Quando **regressarmos** a Lisboa, se **pudermos** e se **tivermos** tempo, daremos
uma pequena volta pelo Norte do país.
Gostaria muito de conhecer o Minho e Trás-os-Montes, mas não sei se conseguiremos
arranjar tempo e dinheiro para tantas coisas!
No entanto, se lá **formos**, não me esquecerei de tirar umas fotografias para te
mostrar quando **regressarmos** ao Brasil.
E tu e o teu marido ainda não sabem se poderão vir a Portugal enquanto nós cá estamos? Se por acaso **vierem**, avisem-nos com antecedência, está bem?
Seria fantástico se pudéssemos encontrar-nos!

Quando me **escreveres**, envia a carta para o endereço dos meus sogros no Algarve.
Se não **houver** nenhuma alteração nos nossos planos, estaremos lá até meados ou
até ao fim do próximo mês. Chegaremos aí no princípio de setembro. Logo que
chegarmos, contactarei contigo.

Um grande abraço da comadre amiga
Helena

 **C TEXTO**

Carta do senhor Soares a um fornecedor da firma Martins & Soares, fazendo uma encomenda de latas de palmitos:

Martins & Soares
Avenida 25 de Abril, 86 – 2º Esq.
Lisboa

Lisboa, 15 de julho de 2002

Exmos. Srs.
Fonseca & Santos
Avenida Paulista, 256
São Paulo

Amigos e Senhores,

    Estando a nossa firma interessada na aquisição de 10 000 (dez mil) latas de palmitos, agradecíamos que nos enviassem esta remessa com a possível brevidade, a fim de darmos execução às encomendas dos nossos clientes.
    Sem outro assunto, somos com a mais elevada consideração e estima

De V. Exas.
Atentamente
Martins & Soares

18

Resposta a uma carta de um cliente da firma Martins & Soares, respeitante a uma encomenda de garrafas de Vinho do Porto:

Martins & Soares
Avenida 25 de Abril, 86 – 2º Esq.
Lisboa

Lisboa, 15 de julho de 2002

Exmos. Srs.
Gomes & Irmão
Curitiba

Amigos e Senhores,

    Acusamos a receção da encomenda de V. Exas. de dia 8 do corrente mês de 10 000 garra-fas de Vinho do Porto que desde já agradecemos.
    Lamentamos ter de vos informar que não nos é possível satisfazer esta vossa encomenda ao preço do nosso último fornecimento, por ter havido, desde o princípio do ano em curso, um aumento no custo dos fretes e dos seguros.
    Aguardando as vossas prezadas ordens, subscrevemo-nos

De V. Exas.
Muito atenciosamente
Martins & Soares

 **D** TEXTO

Quando acabou de escrever a carta para a sua comadre, dona Helena ligou para os escritórios duma companhia aérea brasileira para confirmar as passagens de regresso para o Brasil.

A empregada do escritório é brasileira.

Empregada - Bom dia. Posso ajudar?
D. Helena - Bom dia. Eu desejava saber se as nossas passagens de regresso para São Paulo estão confirmadas. O meu nome é Helena Soares. Somos quatro: eu, o meu marido e os meus filhos.

Empregada - Qual é a data da partida?
D. Helena - 31 de agosto.

Empregada - E qual é o número do voo?
D. Helena - É o voo 243.

Empregada - Sim, estão confirmadas, mas é conveniente deixar seu número de telefone para entrar em contacto com a senhora <u>se</u> **houver** alguma alteração.

D. Helena - Pois não... É o cinco / um / quatro / sete / dois / meia e o indicativo é o 289.
Já agora, podia informar-me se o avião é direto ou se faz escala pelo Rio de Janeiro?

Empregada - É direto. Parte do aeroporto de Lisboa às 23h45. Têm de estar lá pelo menos duas horas antes.
D. Helena - Com certeza. Acha que podia reservar-me dois lugares ao pé da janela?

Empregada - Bem... nós não podemos reservar lugares... mas eu vou fazer um jeitinho à senhora e vou reservar.

D. Helena - Obrigadíssima. Eu adoro o "jeitinho" brasileiro!

- Futuro do Conjuntivo: Verbos regulares e irregulares
- Revisão do emprego de **se**, **quando**, **haver**

- O que se diz para...
- Para além do texto

Futuro do Conjuntivo • Verbos regulares

	FALAR	BEBER	ABRIR
Eu	falar	beber	abrir
Tu	falares	beberes	abrires
Você / O Sr. / A Sra.	falar	beber	abrir
Ele / Ela	falar	beber	abrir
Nós	falarmos	bebermos	abrirmos
Vocês / Os Srs. / As Sras.	falarem	beberem	abrirem
Eles / Elas	falarem	beberem	abrirem

Futuro do Conjuntivo • Verbos irregulares

	Eu	Tu	Você/Ele/Ela	Nós	Vocês/Eles/Elas
Dar	der	deres	der	dermos	derem
Estar	estiver	estiveres	estiver	estivermos	estiverem
Ter	tiver	tiveres	tiver	tivermos	tiverem
Ser	for	fores	for	formos	forem
Ir	for	fores	for	formos	forem
Ler	ler	leres	ler	lermos	lerem
Fazer	fizer	fizeres	fizer	fizermos	fizerem
Vir	vier	vieres	vier	viermos	vierem
Ver	vir	vires	vir	virmos	virem
Sair	sair	saíres	sair	sairmos	saírem
Pôr	puser	puseres	puser	pusermos	puserem
Poder	puder	puderes	puder	pudermos	puderem
Saber	souber	souberes	souber	soubermos	souberem
Dizer	disser	disseres	disser	dissermos	disserem
Trazer	trouxer	trouxeres	trouxer	trouxermos	trouxerem
Querer	quiser	quiseres	quiser	quisermos	quiserem
Haver	-	-	houver	-	-

18

O Futuro do Conjuntivo usa-se:

1. Em construções que expressem hipótese de eventualidade:

Se eles **tiverem** tempo, irão ao Jardim Zoológico.

Se nós não **arranjarmos** bilhetes para o concerto, iremos ao teatro.

Se Deus **quiser**, muito em breve estaremos no Algarve.

Se **for** possível, iremos a Espanha.

2. Em frases temporais, iniciadas por <u>quando</u>, <u>assim que</u>, <u>sempre que</u>, <u>logo que</u>, para designar ações que se realizarão num tempo futuro:

<u>Quando</u> nós **regressarmos** a Lisboa, daremos uma volta pelo Norte do país.

<u>Quando</u> ele **acabar** de resolver tudo, partiremos para o Algarve.

<u>Quando</u> tu me **escreveres**, envia a carta para o Algarve.

<u>Assim que</u> nós **chegarmos**, contactarei contigo.

3. Em certas frases relativas:

Terei muito prazer em comprar-te <u>tudo o que</u> **desejares**.

NOTE BEM:

Nas frases que exprimem ações hipotéticas, o uso do Imperfeito do Conjuntivo ou do Futuro do Conjuntivo está dependente do <u>grau de probabilidade</u> da realização da ação:

Se + Imperfeito do Conjuntivo *(ação hipotética, possível mas de realização pouco provável)*	**Se + Futuro do Conjuntivo** *(ação hipotética, possível e de realização provável)*
Se eu **fosse** milionário, daria a volta ao mundo.	Se eu **for** milionário, darei a volta ao mundo.

NOTE BEM:

Se for possível, **iremos** a Espanha.
Se for possível, **vamos** a Espanha. (*col.*)

Na língua falada corrente, usa-se com mais frequência o **Presente do Indicativo** do que o Futuro do Indicativo na <u>oração principal</u>.

18

Revisão do emprego de Se

Pronome reflexo	Ele lava-se. / Eles vestem-se. / Vocês calçam-se.
Pronome recíproco	Eles despedem-se um do outro. Elas encontraram-se no café. Eles abraçaram-se.
Pronome indefinido	Como se escreve? / Como se diz? / Como se vai?
Advérbio interrogativo	Não sei se arranjaremos bilhetes ou não. Ele perguntou-me se eu queria vir ou não. Podia informar-me se o avião é direto?
Conjunção condicional	Se eu pudesse comprava/compraria uma casa. Se eu puder, compro/comprarei uma casa.

Revisão do emprego de Quando

Quando + Presente do Indicativo	Quando eu **vou** a Portugal, vou sempre ao Algarve.
Quando + Pretérito Perfeito	Quando no ano passado eu **fui** a Portugal, fui ao Algarve.
Quando + Pretérito Imperfeito	Antigamente, quando eu **ia** a Portugal, ia sempre ao Algarve.
Quando + Futuro do Conjuntivo	No próximo ano, quando eu **for** a Portugal, eu irei/vou ao Algarve.

18

Revisão do emprego do verbo impessoal Haver

Presente do Indicativo	Não **há** quartos vagos.
Pretérito Perfeito	Ontem **houve** dois acidentes na autoestrada.
Pretérito Imperfeito	Antigamente não **havia** tantos acidentes.
Pretérito Perfeito Composto	Ultimamente **tem havido** muitos desastres.
Futuro do Indicativo	Amanhã **haverá** uma receção na Embaixada.
Condicional	Se as mulheres governassem, não **haveria** tantas guerras.
Presente do Conjuntivo	Oxalá **haja** paz no mundo!
Imperfeito do Conjuntivo	Se **houvesse** mais tolerância, o mundo seria melhor.
Futuro do Conjuntivo	Se **houver** mais tolerância, o mundo será melhor.

Presente	Pret. Perf.	Pret. Imperf.	Pret. Perf. Composto	Futuro	Condicional	Pres. Conj.	Imperf. Conj.	Fut. Conj.
Há	Houve	Havia	Tem havido	Haverá	Haveria	Haja	Houvesse	Houver

O que se diz para...

Expressar incerteza:	*Não sei se arranjaremos bilhetes ou não.* *Não sei se conseguiremos arranjar dinheiro.*
Formular hipóteses de eventualidade:	*Se eles tiverem tempo, irão ao Jardim Zoológico.* *Se pudermos, iremos a Espanha.*
Exprimir intenção:	*Estamos a pensar em ir ao teatro.*
Indicar finalidade:	*Ela telefonou a fim de confirmar as passagens.*
Fazer referência:	*Segundo dizem, a peça é excelente.* *Respeitante a uma encomenda.*
Situar no tempo:	*Há quase uma semana...* *Desde que chegámos...* *Planos para os próximos dias.* *Desde já agradecemos...* *... no princípio do mês.* *... até meados do mês.* *... até ao fim do mês.*

18

ABREVIATURAS

Exmos. = Excelentíssimos
V. Exas. = Vossas Excelências

No TEATRO

O palco
A peça de teatro
A encenação da peça
A representação da peça
O papel
A representação do papel
O ator principal
A atriz principal
Os atores
As atrizes
O encenador

Não **acredito** em fantasmas.
É **inacreditável** como o tempo passa tão depressa!

Vamos **banhar-nos** nas águas cálidas do Algarve.
Vou tomar **banho** na **banheira**.
As praias estão cheias de **banhistas**.

Houve uma **alteração** nas datas.
As datas foram **alteradas**.
Eles **alteraram** as datas.

Eu vou estar lá até **meados** de agosto.
Eu vou estar lá até ao **meio** de agosto.

Vamos chegar aí no **princípio** de setembro.
Eles estão a **principiar** a falar português.
Nós já não somos **principiantes**.

É esta firma que nos **fornece** o vinho.
Eles são os nossos **fornecedores**.
O último **fornecimento** foi mais caro.

Queria confirmar as **passagens** de avião.
Os **passageiros** já entraram no avião.

Qual é o número do **voo**?
Os pássaros **voam**.
Vi um disco **voador**.

Ele tem **jeito** para desenho.
Eu adoro o **jeitinho** brasileiro.
Ele/Ela é muito **jeitoso/a**.
Eu não me **ajeito** a escrever com a mão esquerda.

18

PROVÉRBIO:

Zangam-se as comadres, descobrem-se as verdades.

Cartas

1. *Abertura:*

Cartas familiares	Cartas comerciais/formais
Caro/a amigo/a Querido/a amigo/a Querido pai/irmão/filho Querida mãe/irmã/filha Caro/a/Querido/a + *nome da pessoa* Meu querido/Minha querida	Excelentíssimo Senhor = Exmo. Sr. Excelentíssima Senhora = Exma. Sra. Exmo. Senhor Presidente/Diretor... Exma. Senhora Presidente/Diretora...

2. *Conteúdo:*

a) Cartas semiformais:

	Agradecimento
Muito obrigado/a	pelo seu / vosso convite... pelo delicioso almoço / jantar... pelas maravilhosas férias passadas na vossa companhia... pelo excelente fim de semana passado convosco... pela sua / vossa amabilidade... por todas as suas / vossas atenções / gentilezas / amabilidades... por me ter ajudado / ensinado...

b) Cartas formais:

	Pedido
Agradecia	que me enviasse [*uma brochura / uma amostra / um fax*]. que me informasse [*sobre preços / condições / horários*]. que me reservasse [*um quarto / uma moradia / um chalé*]. que confirmasse a minha reserva. que me desse uma resposta o mais breve possível.

3. *Fecho:*

Cartas familiares	Cartas comerciais
Recebe um abraço do/a amigo/a Saudades para todos Muitos beijinhos Muitas saudades Um abraço	Sem outro assunto Aguardando a sua / a vossa resposta Aguardando as vossas ordens Com os nossos melhores cumprimentos Somos com a mais elevada consideração e estima Atenciosamente / Muito atentamente

18

A TEXTO TEXTO TEXTO TEXTO

Apesar de **ter** muitos assuntos para tratar, o senhor Soares conseguiu
resolvê-los mais depressa do que tinha pensado.
Portanto, ele achou que _seria melhor_ **partirem** já amanhã para o Algarve,
a fim de todos **poderem** desfrutar o mais possível das férias à beira-mar.

A dona Helena telefonou à sua cunhada para a avisar da sua chegada
antecipada e aproveitou a oportunidade para perguntar se ela não se
importava que a Cláudia também fosse com eles, uma vez que ela tem
sido tão gentil para o Paulo e para o Miguel.
D. Helena - Importas-te que a Cláudia vá connosco?

"De maneira nenhuma. Não me importo nada." – respondeu a dona Luísa.
"Até tenho muito prazer em que ela venha."

Escusado será dizer que o Paulo ficou felicíssimo com a ideia!
(Parece que anda mouro na costa!)

Antes de eles **partirem**, havia várias coisas a fazer.
A dona Helena teve de ir à lavandaria buscar umas calças do senhor
Soares que ela lá tinha levado na véspera _para_ **serem** limpas a seco.

O Paulo e o Miguel foram a uma casa de discos comprar o último CD dos
"Madredeus" e, em seguida, foram a uma loja buscar umas fotografias
que eles tinham mandado revelar dois dias antes.
Eles aproveitaram também para comprar outro rolo _para_ **tirarem** mais
fotografias, _a fim de_ as **mostrarem** aos seus amigos quando regres-
sarem ao Brasil.

Entretanto, o senhor Soares foi à agência de aluguer de automóveis
entregar o carro que tinha alugado na semana anterior.

19

B TEXTO

No dia seguinte, levantaram-se muito cedo e, <u>depois de</u> terem tomado o café da manhã, chamaram um táxi que os levou à estação fluvial do Terreiro do Paço <u>a fim de</u> apanharem o barco para a outra margem do Tejo, onde terão que apanhar o comboio para o Algarve.

Cláudia já lá estava à espera deles.

<u>Na bilheteira da estação do Terreiro do Paço:</u>

Sr. Soares - Cinco bilhetes de 1ª classe para Albufeira, por favor.

Empregado - Simples ou de ida e volta?
Sr. Soares - Simples. Quanto é?

Empregado [*fazendo as contas de cabeça*] - Ora bem: 5 bilhetes, vezes 13 euros, são 65 euros.

O senhor Soares pagou com duas notas de 50 euros e esperou que o empregado lhe entregasse o troco.

Empregado [*entregando o troco*] - Faça favor de conferir.
Sr. Soares [*depois de conferir*] - Desculpe, o senhor enganou-se... O troco não está certo. Faltam 10 euros.

Empregado - Oh! Tem razão. Peço desculpa. Enganei-me!
Sr. Soares - Não tem importância. Obrigado.

Enquanto o senhor Soares comprava os bilhetes de comboio, Paulo, Miguel e Cláudia consultavam os horários dos barcos para o Barreiro que fica na outra margem do rio Tejo e de onde parte o comboio para o Algarve.

Paulo [*olhando para o relógio da estação*] - Temos que nos apressar. Está um barco quase saindo.
Cláudia - E o próximo só parte daqui a meia hora. Se não formos neste, perdemos a ligação com o comboio. <u>É melhor</u> corrermos <u>para</u> o apanharmos.

C TEXTO

A dona Helena, o senhor Soares e o Miguel entraram no barco e procuraram um lugar não muito longe da saída _a fim de_ **poderem** sair mais depressa quando chegarem à outra margem do Tejo.

O Paulo e a Cláudia, _apesar de_ **estarem** com frio, pois a manhã estava bastante fresca, preferiram ficar no convés _para_ **poderem** admirar o belo nascer do sol.

Cláudia _[dirigindo-se a Paulo]_ - Costumas enjoar?
Paulo - Felizmente, não. E você?
Cláudia - Eu costumo, mas tomei um comprimido para o enjoo antes de sair de casa.

Uma ténue neblina envolvia a magnífica Ponte 25 de Abril enquanto o sol, timidamente, tentava rasgar algumas nuvens que o cobriam.
Algumas gaivotas, cortando o céu com o seu primeiro voo, dançavam em círculos à roda do barco como que saudando alegremente os seus passageiros e desejando-lhes uma boa viagem.

Cláudia _[olhando à sua volta]_ - Que beleza! Você não acha?
Paulo _[agarrando a mão de Cláudia]_ - Sim... Tudo parece belo e mágico, quando você está pertinho de mim...

Cláudia _[sorrindo]_ - Que romântico que você está! Olha, está-me deixando vermelha.

Paulo - Vejo que você já está falando à brasileira. Já não diz mais "tu".
Cláudia - Não esqueça que sou filha de brasileiro.

Paulo - Os portugueses também não dizem "está-me deixando vermelha", pois não?
Cláudia - Não. Dizem: "está a fazer-me corar", mas... tanto faz. Portugueses e brasileiros se entendem perfeitamente.

<u>Meia hora mais tarde:</u>
Cláudia - Olhe, estamos chegando à outra margem.
Paulo _[dando uma gargalhada]_ - Quê? Já? Acho tão engraçadinhos esses rios da Europa.

Cláudia - Porquê?
Paulo - Quando você for ao Brasil nos visitar, nós havemos de atravessar o rio Amazonas e você vai aprender o que é um rio para um brasileiro.

TEXTO

Quando o barco atracou ao cais, quase todos os passageiros se dirigiram à estação para apanharem o comboio para o Algarve.

Nesse momento ouviu-se uma voz no alto-falante:

Voz - Atenção, senhores passageiros: o comboio com destino a Vila Real de Santo António parte da linha nº 4, às 8h e 53m. Os senhores passageiros com destino a Lagos deverão mudar de comboio em Tunes.

Paulo - Ainda faltam 15 minutos. Temos tempo de ir ali rapidinho ao café tomar qualquer coisa. Vocês não querem tomar nada?

Miguel - Sim, eu quero um batido de leite com chocolate e um pastel de nata.
Paulo - Olhe a barriga!
Miguel *[amuado]* - Não me chateie!
Paulo - Estou brincando...

Sr. Soares - A mim não me apetece nada.
D. Helena - Vão vocês, mas não se demorem.
[Dirigindo-se ao seu marido] Acho que é melhor **entrarmos** no comboio para **arranjarmos** bons lugares.
Sr. Soares - Também acho. Vou só ali num instantinho àquele quiosque comprar o jornal e uma revista para **lermos** durante a viagem e já volto. Queres que te compre alguma revista especial?
D. Helena - Sim. Se houver aquela que eu estava lendo lá no hotel, compra para eu ficar a saber as "fofoquices" cá da terra. Tem uma capa vermelha, mas não me lembro como se chama.

Dona Helena entrou no comboio e pôde escolher bons lugares ao lado da janela.
Ela gosta muito de apreciar a beleza da paisagem alentejana com as suas imensas planícies, tão diferente da paisagem algarvia em que a serra e o mar formam como que um majestoso anfiteatro e onde, entre campos culti-vados e arborizados, se vislumbram as bonitas casinhas caiadas de branco com as suas graciosas chaminés artisticamente trabalhadas.

Um quarto de hora depois, ouviu-se o sinal da partida e, muito felizes, todos iniciaram a sua viagem rumo ao "País das Mouras Encantadas"!

Infinitivo Pessoal

	FALAR	BEBER	ABRIR
Eu	falar	beber	abrir
Tu	falares	beberes	abrires
Você / O Sr. / A Sra.	falar	beber	abrir
Ele / Ela	falar	beber	abrir
Nós	falarmos	bebermos	abrirmos
Vocês / Os Srs. / As Sras.	falarem	beberem	abrirem
Eles / Elas	falarem	beberem	abrirem

O Infinitivo Pessoal ou Flexionado usa-se:

1. Em orações infinitivas com sujeito próprio:

> <u>Eu</u> vou comprar uma revista para (<u>nós</u>) **lermos** durante a viagem.

19

2. Depois de expressões impessoais: **é melhor / é preferível / é preciso / é necessário / é fácil / é difícil / é conveniente, etc.:**

> É melhor (nós) **corrermos** para o barco.
>
> É conveniente (nós) **entrarmos** no comboio.

3. Depois da preposição **para** e das locuções prepositivas **antes de / depois de / a fim de / apesar de** por necessidade de clareza ou de eufonia podendo, no entanto, por vezes, ser substituído pelo Infinitivo impessoal não flexionado:

> Eles compraram um rolo para tirarem / tirar fotografias.
>
> Antes de (eles) **partirem**... (Ou: Antes de *partir*, eles...)
>
> Depois de **terem** tomado o pequeno-almoço...
>
> ... a fim de **arranjarmos** um bom lugar.

Conjuntivo	Infinitivo pessoal
É melhor que nós **entremos** para que **arranjemos** um bom lugar.	É melhor nós **entrarmos** para **arranjarmos** um bom lugar.

- As expressões impessoais seguidas de **que** requerem o modo conjuntivo. (*unidade 16, páginas 203 e 204*)
  Quando não são seguidas de **que** requerem o modo infinitivo.

- Para exprimir finalidade, emprega-se ou a conjunção final **para que** com o verbo no modo conjuntivo (*unidade 16, página 204*) ou a preposição **para** com o verbo no infinitivo.

Na língua falada, usa-se de preferência a construção infinitiva: **É melhor entrarmos** para arranjarmos lugar.

Conjugação perifrástica

Ter + de + Infinitivo **Ter + que + Infinitivo** (*necessidade / obrigatoriedade*)	D. Helena **teve de / que ir** à lavandaria a seco.

Haver + de + Infinitivo (*determinação / intenção*)	Nós **havemos de ir** à Amazónia.

Estar + a + Infinitivo **Estar + Gerúndio** (*ação em progresso*)	O barco **está a sair / está saindo**.

O que se diz para...		Como se responde:
Expressar suposição:	_Parece que_ "anda mouro na costa".	
Expressar apreciação por algo:	_Que beleza!_	
Expressar surpresa:	_Quê? / O quê?_	
Expressar prazer:	_Tenho muito prazer em..._	
Pedir permissão:	_Importas-te que a Cláudia vá?_	_De maneira nenhuma. Não me importo nada._
Pedir desculpa por um engano:	_Desculpe. Enganei-me._	_Não tem importância._
Perguntar a opinião:	_Você não acha?_	
Indicar consequência:	_Portanto decidiu partir mais cedo._ _Por isso conseguiram apanhar o barco._	
Indicar causa:	_Uma vez que a Cláudia tem sido tão gentil._	
Indicar finalidade:	_... a fim de desfrutarem das férias._	
Indicar direção:	_Rumo ao_ "país das mouras encantadas".	
Indicar destino:	_O comboio com destino a Faro..._	
Situar no tempo:	_... na véspera._ _... na semana anterior._ _Daqui a meia hora._ _Faltam 15 minutos._ _Vou num instantinho ao quiosque._	
Localizar no espaço:	_... à roda do barco._ _Pertinho de mim._ _À beira-mar._	

19

Ela aproveitou a **oportunidade** para perguntar.
Este é o momento **oportuno**.
Ele é um **oportunista**.

Este casaco precisa de ser **limpo**.
Prefiro a **limpeza** a seco.
Estou a **limpar** os armários

Enganei-me.
Estou **enganado**.
As estatísticas são **enganadoras**.

A manhã estava muito **fresca**.
Que **frescura**!
Abre as janelas para **refrescar**.

Tomei um comprimido para o **enjoo**.
Eu costumo **enjoar**.
Este doce é muito **enjoativo**.
Estou **enjoada**.

Ele tem muita **graça**.
Acho-o muito **engraçado**.

Não me **chateies**. *(familiar)*
Não sejas **chato**!
Estou **chateado/a**.
Que **chatice**!

Não acredito em mouras **encantadas**.
Que **encanto**!
Ela é **encantadora**.
Ela **encantou**-nos.

PROVÉRBIO:

Gaivota em terra é sinal de tempestade.

A TEXTO

Entretanto, em Albufeira, toda a família anda excitada e espera ansiosamente a chegada da família Soares.

Os preparativos para os receberem começaram já há uns dias.

Como no dia em que eles chegarem, vai haver um grande banquete, no qual vai estar reunida toda a família e todos os amigos, todos se dispuseram a ajudar na sua preparação.

Na véspera, dona Luísa e o seu marido foram ao mercado, ao talho e à peixaria fazer compras, enquanto a Joana foi ao supermercado e o Carlos foi à leitaria e à padaria.

Quando chegaram a casa, arrumaram tudo no frigorífico e nas prateleiras da despensa e foram todos para a cozinha começar a preparar a "grande refeição". Eis aqui a ementa:

EMENTA

Croquetes de carne

Rissóis de camarão

Pastéis de bacalhau

Choquinhos com tinta

Bacalhau com natas

Açorda de marisco

Leitão assado

Torta de amêndoa

Pudim de laranja

B **TEXTO**

Finalmente, o grande dia chegou!
Por volta do meio-dia, o senhor Morais, acompanhado da dona Luísa, foi à estação de caminho de ferro buscar a sua irmã, o seu cunhado e os seus sobrinhos que foram recebidos com muitos beijos, abraços e lágrimas de alegria.

O Carlos e a Joana estão radiantes por tornar a ver os primos brasileiros e deliciam-se a ouvi-los falar com o sotaque brasileiro.
A princípio, tiveram dificuldade em habituar-se ao tratamento por "você", mas depressa se adaptaram, embora eles continuem a tratá-los por "tu".

Eles também estão encantados por conhecerem Cláudia que acham muito simpática.

Apesar de não se conhecerem muito bem, mal chegaram, começaram a falar animadamente uns com os outros e a fazer planos para os próximos dias. Como todos adoram a vida ao ar livre, decidiram ir acampar uns dias num parque de campismo ali perto.

Quando estavam discutindo os seus planos, alguém tocou à campainha.
Era o carteiro com uma carta do Brasil dirigida ao Paulo.

Paulo - Ui! *Mama mia!* Devem ser os resultados dos meus exames.

Com as mãos a tremer, ele abre-a e lê-a.

Paulo *[saltando e gritando]* - Passei, passei, passei nos exames. Uf! Que alívio!
Todos - Bravo! Que bom! Que beleza! Que gostoso! Que maravilha! *[mais beijos e abraços]*

Cláudia aproxima-se e dá-lhe um beijinho e diz:
- Parabéns!
Paulo *[assobiando]* - Não sei se meu coração vai aguentar...

Sr. Morais - Vamos já celebrar com um cálice de Vinho do Porto.

Ele enche os cálices, levanta o seu e diz:
Sr. Morais - À vossa saúde!
Todos - Saúde. *[tocando nos copos]* Tchim, tchim. Hurra! Hurra!
Paulo e Miguel - Oba! Oba!

20

C TEXTO

Dona Luísa está ansiosa por mostrar a sua casa à dona Helena.
É uma vivenda que eles mandaram construir para passar as férias e na
qual ela e o seu marido pensam ir viver quando um dia se aposentarem.

D. Helena - Quantas assoalhadas tem?
D. Luísa - Tem seis. Tem quatro quartos de dormir, a sala comum, e uma sa-
linha de estar onde vemos televisão.

D. Helena [comentando] - Ah! E a sala comum é muito espaçosa e tem uma
vista maravilhosa para o mar. Ai! A lareira também é muito bonita e é fora do
vulgar.
D. Luísa [mostrando o seu quarto de dormir] - O nosso quarto também
tem uma varanda que dá para a marina.

D. Helena - Quantas casas de banho tem?
D. Luísa - Tem duas. Esta é a nossa com duche separado e há outra no corre-
dor para os miúdos e para as visitas.

D. Helena [entrando num quarto] - De quem é este quarto?
D. Luísa - Este é o quarto de hóspedes. É aqui que vocês vão ficar.

D. Helena - Ah! É um belo quarto. Tem muita luz e também tem uma vista bonita.
[Apontando para umas árvores] - Que árvores são aquelas além?
D. Luísa - São amendoeiras. Quando estão em flor, são um espetáculo!
D. Helena - Ah! Nunca vi, mas imagino! É pena florirem só no inverno.

20

D **TEXTO**

Dona Luísa continua a mostrar a casa à sua cunhada.
D. Luísa - Aqui é a cozinha.
D. Helena - Que beleza! Os azulejos são lindíssimos e a tijoleira também.

D. Luísa - Aqui é a despensa. É pequena, mas tem muita arrumação porque tem muitas prateleiras.
D. Helena - Sim, estou vendo.

D. Luísa *[abrindo a porta da cozinha]* - Aqui é o pátio com uma parreira.
D. Helena - Que belos cachos de uvas!

D. Luísa - Aqui é o quintal com uma pequena horta e ali é a garagem e ao lado é a arrecadação e a casota do cão.
D. Helena - Que lindo cachorrinho. Miguel! Anda cá ver!

Miguel é maluco por gatos e cachorros!

D. Helena - E esta escada vai para o terraço?
D. Luísa - Sim, vai. Vamos subir.

Ao lado da escada há um canteiro com flores e outras plantas.

D. Helena - Hum! Que belo cheirinho a alecrim.

<u>No terraço:</u>
D. Luísa - Aqui temos a churrasqueira onde fazemos os churrascos e assamos as sardinhas.
D. Helena - Já tenho tantas saudades das sardinhas algarvias!

D. Luísa - Vai ser o nosso almoço amanhã.
D. Helena - Que maravilha! Já a água me está crescendo na boca!

Em breve, a casa se encheu de pessoas de família, amigos e vizinhos que vieram desejar as boas-vindas à família Soares. A conversa parecia não ter fim, com o barulho ensurdecedor das vozes e dos risos a ouvir-se a longa distância...
....
Finalmente, chegou a hora de jantar.

À roda da mesa, rindo, conversando e saboreando a deliciosa comida portuguesa e o delicioso vinho português, todos se sentiram muito felizes e pensaram para si próprios:

"Não há nada melhor do que estar com a família!"

- Gerúndio
- Pronomes relativos

- O que se diz para...
- Para além do texto

Gerúndio

Falar	Beber	Abrir
falando	bebendo	abrindo

O Gerúndio usa-se:

1. Na formação da conjugação perifrástica (estar / ir / vir + Gerúndio):

Eu <u>estou</u> **vendo** televisão.

Nós <u>vamos</u> **andando**.

Eles <u>vêm</u> **correndo**.

2. Para exprimir uma circunstância do verbo:

- *modo:*

À roda da mesa, **rindo, conversando, bebendo**.

- *tempo:*

Chegando a casa, vou telefonar. [=Quando chegar a casa...].

- *causa:*

Estando interessado em estudar português, agradecia que...

(= Como estou interessado em aprender português...)

20

NOTE BEM:

O Gerúndio é mais frequentemente usado na conjugação perifrástica, especialmente no português falado no Brasil.

Pronomes relativos

Vai haver um banquete **no qual** vai estar reunida toda a família.

É uma casa nova **que** eles mandaram construir e **na qual** pensam residir.

A cozinha tem armários **nos quais** eles arrumam a louça.

A despensa tem prateleiras **nas quais** eles arrumam os artigos de mercearia.

Estão encantados com a Cláudia **que** eles acham muito simpática.

O que se diz para...

Expressar ansiedade:	*Mama mia! (expressão italiana)*
Expressar probabilidade:	*Devem ser os meus resultados.*
Expressar alívio:	*Uf! Que alívio!*
Expressar aplauso: [*applause / aplaudissement / Applaus*]	*Bravo!*
Expressar satisfação:	*Que bom!* *Que beleza!* *Que maravilha!*
Expressar concordância:	*Tens razão.*
Felicitar alguém: [*to congratulate someone / féliciter quelqu'un / jemanden gratulieren*]	*Parabéns!*
Fazer um brinde: [*make a toast / boire à la santé de quelqu'un / Anstossen*]	*À vossa saúde!* *Saúde!*
Situar no tempo:	*Há uns dias...* *Na véspera.* *Por volta do meio-dia.* *A princípio tiveram dificuldade.* *Depressa se habituaram.* *Mal chegaram...* *Nunca vi amendoeiras em flor.*
Localizar no espaço:	*À roda da mesa...*

20

EXPRESSÕES IDIOMÁTICAS:

A varanda dá para o mar.
Tratar por tu / por você.
Ter saudades de...
Ao ar livre.

Hoje estás muito **alegre**.
Chorei de **alegria**.
A música é boa para **alegrar**.

Que **alívio**!
Sinto-me mais **aliviado**.
Estes comprimidos **aliviam** as dores.

Vamos **celebrar** o acontecimento.
A **celebração** dos 500 anos da Descoberta do Brasil.
Esta data tem de ser **celebrada**.
Ele ficou **célebre**.

Este é o quarto das **arrumações**.
Vou **arrumar** a despensa.
Ela é muito **arrumada**.
Ele é muito **desarrumado**.

O alecrim **cheira** bem.
O **cheiro** do alecrim é agradável.
O alecrim é **cheiroso**.

No supermercado

1 pacote de açúcar
1 lata de azeitonas
1 garrafa de azeite
1 embalagem de margarina
1 frasco de doce de morango
1 caixa de chá
1 dúzia de ovos

Na florista

Rosas
Cravos
Malmequeres
Amores-perfeitos
Papoilas
Bocas-de-lobo

Na peixaria

Sardinhas
Carapaus
Pescada
Lulas
Lagosta
Lagostins
Camarões

No talho

Carne de vaca
Carne de porco
Carne de carneiro
Carne de vitela
Costeletas
Febras
Escalopes

Na padaria

Pão
Pão de forma
Pão integral
Pão de centeio
Pãezinhos
Carcaças
Papos-secos

Na leitaria

Leite
Natas
Iogurte
Manteiga
Carnes frias
Queijos frescos

20

"Uma casa portuguesa"

Uma casa portuguesa fica bem,
Pão e vinho sobre a mesa.
E se à porta humildemente bate alguém,
Senta-se à mesa com a gente.

Fica bem esta franqueza, fica bem
Que o povo nunca desmente
Que a alegria da pobreza
Está nesta grande riqueza
De dar e ficar contente.

Quatro paredes caiadas,
Um cheirinho a alecrim,
Um cacho d'uvas doiradas,
Duas rosas no jardim.
Um São José de azulejos,
Mais o sol da primavera,
Uma promessa de beijos,
Dois braços à minha espera.

É uma casa portuguesa com certeza,
É com certeza uma casa portuguesa.

No conforto pobrezinho do meu lar
Há fartura de carinho
E a cortina da janela é o luar
Mais o sol que bate nela.
Basta pouco, poucochinho
P'ra alegrar
Esta existência singela
É só amor, pão e vinho
Um caldo verde verdinho
A fumegar na tigela.

Quatro paredes caiadas,
Um cheirinho a alecrim,
Um cacho d'uvas doiradas,
Duas rosas no jardim.
Um São José de azulejos,
Mais o sol da primavera,
Uma promessa de beijos,
Dois braços à minha espera.

É uma casa portuguesa com certeza,
É com certeza uma casa portuguesa.

Apêndice Gramatical

Plural dos Substantivos e Adjetivos

Terminação	Substantivos		Adjetivos	
Vogal	o carro	os carros	amarelo	amarelos
Ditongo –ão	o irmão	os irmãos	são	sãos
	a estação	as estações	comilão	comilões
	o pão	os pães	alemão	alemães
-al	o postal	os postais	oficial	oficiais
-el	o pastel	os pastéis	amável	amáveis
-il (tónico)	o funil	os funis	gentil	gentis
-il (átono)	o réptil	os répteis	fácil	fáceis
-ol	o rissol	os rissóis	espanhol	espanhóis
-ul	o paul	os pauis	azul	azuis
-m	o homem	os homens	bom	bons
-r	a mulher	as mulheres	trabalhador	trabalhadores
-s	o lápis	os lápis	simples	simples
	o país	os países	português	portugueses
-z	o rapaz	os rapazes	capaz	capazes

Contração das Preposições em/de/a/por com os Artigos Definidos e Indefinidos

em	Eles trabalham **em** Lisboa.	
em + o / a / os / as > no / na / nos / nas	Eles trabalham **no** Banco de Portugal. Eles trabalham **na** embaixada do Brasil. Eles trabalham **nos** Serviços Secretos. Eles trabalham **nas** Nações Unidas.	

em + um / uma / uns / umas > num / numa / nuns / numas	Eles trabalham **num** banco. Eles trabalham **numa** embaixada. Eles trabalham **nuns** escritórios. Eles trabalham **numas** agências.

de	Ele recebe a ficha **de** registo.	O avião parte **de** Angola.
de + o / a / os / as > do / da / dos / das	Ele recebe a chave **do** carro. Ele recebe a chave **da** casa. Ele recebe a chave **dos** quartos. Ele recebe as chaves **das** portas.	O avião parte **do** Brasil. O avião parte **da** Alemanha. O avião parte **dos** Açores. O avião parte **das** Bermudas.

a	Eu vou **a** Portugal.
a + o / a / os / as >	Eu vou **ao** banco.
ao / à / aos / às	Eu vou **à** Baixa.
	Eu vou **aos** correios.
	Eu vou **às** lojas.

por	Eles esperam **por** mim.
por + o / a / os / as	Eles esperam **pelo** amigo deles.
pelo / pela /	Eles esperam **pela** amiga deles.
pelos / pelas	Eles esperam **pelos** amigos deles.
	Eles esperam **pelas** amigas deles.

Palavras e Expressões Interrogativas

Como (é que)...?	How...?	Comment...?	Wie?
Onde (é que)...?	Where...?	Oú...?	Wo?
Que...? O que...? O que é que....? O quê?	What...?	Que...? Qu'est-ce que...? Quoi?	Was?
Quando (é que)...?	When...?	Quand...?	Wann?
Porque é que...? Porquê?	Why...?	Pourquoi est-ce que...? Pourquoi...?	Warum?
Quanto (é que)...?	How much...?	Combien...?	Wieviel?
Quantos...? Quantas...?	How many...?	Combien de...?	Wieviel?
Qual...? Quais...?	Which / What...?	Quel / Quelle / Quels / Quelles Lequel / Laquelle / Lesquels / Lesquelles...?	Welche?
Quem...?	Who...?	Qui...?	Wer?

Como está?

Onde (é que) mora?

Que línguas fala?

O que (é que) bebe?

Quando (é que) parte para o Brasil?

Porque é que não fuma?

Quantos transportes apanha?

Quanto custa?

Quem tem uma caneta?

Qual é a cor do seu carro? / **Qual** prefere?

Quais são os países lusófonos? / **Quais** prefere?

Verbos Regulares

-ar

(ex.: falar)

	Eu	Tu	Você/ Ele/Ela	Nós	Vocês/ Eles/Elas
Presente do Indicativo	falo	falas	fala	falamos	falam
Pretérito Perfeito do Indicativo	falei	falaste	falou	falámos	falaram
Pretérito Imperfeito do Indicativo	falava	falavas	falava	falávamos	falavam
Futuro do Indicativo	falarei	falarás	falará	falaremos	falarão
Condicional	falaria	falarias	falaria	falaríamos	falariam
Presente do Conjuntivo	fale	fales	fale	falemos	falem
Imperfeito do Conjuntivo	falasse	falasses	falasse	falássemos	falassem
Futuro do Conjuntivo	falar	falares	falar	falarmos	falarem
Infinitivo Pessoal	falar	falares	falar	falarmos	falarem

Verbos Regulares

-er

(ex.: beber)

	Eu	Tu	Você/ Ele/Ela	Nós	Vocês/ Eles/Elas
Presente do Indicativo	bebo	bebes	bebe	bebemos	bebem
Pretérito Perfeito do Indicativo	bebi	bebeste	bebeu	bebemos	beberam
Pretérito Imperfeito do Indicativo	bebia	bebias	bebia	bebíamos	bebiam
Futuro do Indicativo	beberei	beberás	beberá	beberemos	beberão
Condicional	beberia	beberias	beberia	beberíamos	beberiam
Presente do Conjuntivo	beba	bebas	beba	bebamos	bebam
Imperfeito do Conjuntivo	bebesse	bebesses	bebesse	bebêssemos	bebessem
Futuro do Conjuntivo	beber	beberes	beber	bebermos	beberem
Infinitivo Pessoal	beber	beberes	beber	bebermos	beberem

Verbos Regulares

-ir

(ex.: abrir)

	Eu	Tu	Você/ Ele/Ela	Nós	Vocês/ Eles/Elas
Presente do Indicativo	abro	abres	abre	abrimos	abrem
Pretérito Perfeito do Indicativo	abri	abriste	abriu	abrimos	abriram
Pretérito Imperfeito do Indicativo	abria	abrias	abria	abríamos	abriam
Futuro do Indicativo	abrirei	abrirás	abrirá	abriremos	abrirão
Condicional	abriria	abririas	abriria	abriríamos	abririam
Presente do Conjuntivo	abra	abras	abra	abramos	abram
Imperfeito do Conjuntivo	abrisse	abrisses	abrisse	abríssemos	abrissem
Futuro do Conjuntivo	abrir	abrires	abrir	abrirmos	abrirem
Infinitivo Pessoal	abrir	abrires	abrir	abrirmos	abrirem

Verbos Irregulares

Presente do Indicativo

	Eu	Tu	Você/ Ele/Ela	Nós	Vocês/ Eles/Elas
Dar	dou	dás	dá	damos	dão
Estar	estou	estás	está	estamos	estão
Ser	sou	és	é	somos	são
Ir	vou	vais	vai	vamos	vão
Ter	tenho	tens	tem	temos	têm
Vir	venho	vens	vem	vimos	vêm
Ler	leio	lês	lê	lemos	leem
Ver	vejo	vês	vê	vemos	veem
Dizer	digo	dizes	diz	dizemos	dizem
Fazer	faço	fazes	faz	fazemos	fazem
Trazer	trago	trazes	traz	trazemos	trazem
Poder	posso	podes	pode	podemos	podem
Saber	sei	sabes	sabe	sabemos	sabem
Pôr	ponho	pões	põe	pomos	põem
Querer	quero	queres	quer	queremos	querem
Sair	saio	sais	sai	saímos	saem

Verbos Irregulares

Pretérito Perfeito do Indicativo

	Eu	Tu	Você/ Ele/Ela	Nós	Vocês/ Eles/Elas
Dar	dei	deste	deu	demos	deram
Estar	estive	estiveste	esteve	estivemos	estiveram
Ser	fui	foste	foi	fomos	foram
Ir	fui	foste	foi	fomos	foram
Ter	tive	tiveste	teve	tivemos	tiveram
Vir	vim	vieste	veio	viemos	vieram
Ler	li	leste	leu	lemos	leram
Ver	vi	viste	viu	vimos	viram
Dizer	disse	disseste	disse	dissemos	disseram
Fazer	fiz	fizeste	fez	fizemos	fizeram
Trazer	trouxe	trouxeste	trouxe	trouxemos	trouxeram
Poder	pude	pudeste	pôde	pudemos	puderam
Saber	soube	soubeste	soube	soubemos	souberam
Pôr	pus	puseste	pôs	pusemos	puseram
Querer	quis	quiseste	quis	quisemos	quiseram
Sair	saí	saíste	saiu	saímos	saíram

Verbos Irregulares

Pretérito Imperfeito

	Eu	Tu	Você/ Ele/Ela	Nós	Vocês/ Eles/Elas
Ser	era	eras	era	éramos	eram
Ter	tinha	tinhas	tinha	tínhamos	tinham
Vir	vinha	vinhas	vinha	vínhamos	vinham
Pôr	punha	punhas	punha	púnhamos	punham

Futuro do Indicativo

	Eu	Tu	Você/ Ele/Ela	Nós	Vocês/ Eles/Elas
Dizer	direi	dirás	dirá	diremos	dirão
Fazer	farei	farás	fará	faremos	farão
Trazer	trarei	trarás	trará	traremos	trarão

Condicional

	Eu	Tu	Você/ Ele/Ela	Nós	Vocês/ Eles/Elas
Dizer	diria	dirias	diria	diríamos	diriam
Fazer	faria	farias	faria	faríamos	fariam
Trazer	traria	trarias	traria	traríamos	trariam

Particípios Passados Irregulares

Ganhar	Gastar	Pagar	Escrever	Dizer	Fazer	Ver	Abrir	Vir	Pôr
Ganho	Gasto	Pago	Escrito	Dito	Feito	Visto	Aberto	Vindo	Posto

Verbos Irregulares

Presente do Conjuntivo

	Eu	Tu	Você/ Ele/Ela	Nós	Vocês/ Eles/Elas
Dar	dê	dês	dê	dêmos	deem
Estar	esteja	estejas	esteja	estejamos	estejam
Ser	seja	sejas	seja	sejamos	sejam
Ir	vá	vás	vá	vamos	vão
Ter	tenha	tenhas	tenha	tenhamos	tenham
Vir	venha	venhas	venha	venhamos	venham
Ler	leia	leias	leia	leiamos	leiam
Ver	veja	vejas	veja	vejamos	vejam
Dizer	diga	digas	diga	digamos	digam
Fazer	faça	faças	faça	façamos	façam
Trazer	traga	tragas	traga	tragamos	tragam
Poder	possa	possas	possa	possamos	possam
Saber	saiba	saibas	saiba	saibamos	saibam
Pôr	ponha	ponhas	ponha	ponhamos	ponham
Querer	queira	queiras	queira	queiramos	queiram
Sair	saia	saias	saia	saiamos	saiam

Verbos Irregulares

Imperfeito do Conjuntivo

Eu	Tu	Você/ Ele/Ela	Nós	Vocês/ Eles/Elas
-sse	-sses	-sse	-ssemos	-ssem

	Eu
Dar	desse
Estar	estivesse
Ser	fosse
Ir	fosse
Ter	tivesse
Vir	viesse
Ler	lesse
Ver	visse
Dizer	dissesse
Fazer	fizesse
Trazer	trouxesse
Poder	pudesse
Saber	soubesse
Pôr	pusesse
Querer	quisesse
Sair	saísse

Verbos Irregulares

Futuro do Conjuntivo

Eu	Tu	Você/ Ele/Ela	Nós	Vocês/ Eles/Elas
-r	-res	-r	-rmos	-rem

	Eu
Dar	der
Estar	estiver
Ser	for
Ir	for
Ter	tiver
Vir	vier
Ler	ler
Ver	vir
Dizer	disser
Fazer	fizer
Trazer	trouxer
Poder	puder
Saber	souber
Pôr	puser
Querer	quiser
Sair	sair

VAMOS REVER

Unidades 1-4   -ar

acabar	A que horas acaba a aula?
achar	Eu acho que você fala muito.
acordar	Nós acordamos às 7 horas da manhã.
adorar	Ela adora nadar.
aguardar	Podia aguardar na fila, por favor?
almoçar	Eu almoço num restaurante.
andar	Ele gosta de andar a pé.
apanhar	Vou apanhar o autocarro.
apertar	Ela aperta a mão da rececionista.
aproximar-se	O empregado aproxima-se.
apresentar	Apresento o meu amigo / a minha amiga.
assinar	Não se importa de assinar o seu nome?
atravessar	Os barcos atravessam os rios.
calçar-se	Eles vão calçar-se. / Eles vão calçar os sapatos.
cantar	A Céline Dion canta muito bem.
chamar-se	Como se chama?
chegar	O avião chega às duas horas.
começar	A aula de português começa às nove horas.
continuar	A senhora continua em frente.
conversar	Elas conversam uma com a outra.
costumar	Nós costumamos passar as férias no Algarve.
dançar	Ela dança *ballet* muito bem.
deitar-se	Nós deitamo-nos às 10 horas da noite.
desejar	O que deseja tomar?
detestar	Fu detesto viajar de avião.
encontrar-se	Encontramo-nos no café.
entrar	Eles entram numa loja.
entregar	A rececionista entrega a chave do quarto.
estudar	Vamos estudar português.
falar	Que línguas fala?
ficar	Preferimos ficar em casa.
fumar	Fumar é mau para a saúde.
gostar (de)	Eu gosto muito de viajar.
jogar	Ela joga ténis muito bem.
lavar-se	Nós lavamo-nos na casa de banho.
levantar	Preciso de levantar dinheiro.
levantar-se	Eu levanto-me às sete horas da manhã.
morar	Ele mora na Avenida Vasco da Gama.

VAMOS REVER

Unidades 1-4 -ar

mostrar	Podia mostrar-me o seu passaporte, por favor?
nadar	Elas nadam muito bem.
parar	Eles param o carro em frente do hotel.
passar	Nós passamos as férias na ilha da Madeira.
praticar	Que desportos pratica?
precisar	Precisamos de ir ao Porto.
sentar-se	Eu sento-me à mesa.
tirar	Vou tirar uma senha.
tomar	Vamos tomar um aperitivo.
tocar	Ele toca guitarra muito bem.
tocar	O despertador toca às 6 horas da manhã.
trabalhar	Vocês trabalham todos os dias?
viajar	Ele viaja por todo o mundo.
virar	O senhor vira à direita / à esquerda.
voltar	Eles voltam do Porto no sábado.

Unidades 1-4 -er

beber	Vamos beber vinho verde.
comer	Vamos comer sardinhas.
conhecer	Que países conhece?
descer	Eles descem ao rés do chão.
dever (+inf.)	Devemos chegar no domingo.
escrever	Ele escreve as respostas num papel.
estender	Ela estende a mão.
**fazer	Eu faço compras aos sábados.
**haver	Há quartos vagos?
perceber	Eu não percebo chinês.
preencher	Nós preenchemos a ficha de registo.
querer	Eu quero uma chávena de café com leite.
receber	Nós recebemos a chave do quarto.
responder	Não se importa de responder a umas perguntas?
viver	Eles vivem no Brasil.

** Verbos irregulares

VAMOS REVER

Unidades 1-4 **-ir**

assistir	Vou assistir a um congresso.
conduzir	Vocês conduzem muito depressa.
***conferir**	Eu confiro sempre o dinheiro.
decidir	Nós decidimos ir para férias.
***despedir-se**	Eu despeço-me sempre dos meus amigos.
dirigir-se	Nós dirigimo-nos à receção.
discutir	Eles discutem um com o outro.
***divertir-se**	Eu divirto-me muito durante as férias.
***dormir**	Eu durmo mal.
****ir**	Vou ao banco/à farmácia/aos correios/às lojas.
***ouvir**	Eu ouço música clássica.
partir	Nós partimos amanhã para Angola.
***preferir**	Eu prefiro chá.
***rir**	Vocês riem muito.
***seguir**	Eu sigo sempre em frente.
***sentir-se**	Eu sinto-me muito cansado.
***servir**	Eu sirvo o pequeno-almoço a partir das 6 horas.
***subir**	Eles sobem ao terraço.
***vestir-se**	Eu visto-me no quarto.

Unidades 5-8 **-ar**

ajudar	Ela ajuda a procurar as chaves.
arranjar	Vou à cabeleireira arranjar o cabelo.
arranjar	Onde posso arranjar um carrinho de bagagem?
aterrar	O avião acaba de aterrar.
brilhar	O sol brilha.
buscar	Vamos buscar um carrinho de bagagem.
calçar	Que número calça?
cambiar	Onde posso cambiar reais?
chamar	A professora chama os alunos.
colar	Eu colo os selos com cola.
convidar	Vou convidar os meus amigos para almoçar.
cortar	Preciso de cortar o cabelo.
cumprimentar	Eu cumprimento sempre a professora.
****dar**	É melhor dar uma gorjeta ao motorista.

* Verbos ligeiramente irregulares no Presente do Indicativo
** Verbos irregulares

VAMOS REVER

Unidades 5-8   -ar

encontrar	Ele nunca encontra as suas coisas.
encontrar-se	Vou encontrar-me com a minha amiga.
ensinar	Os professores ensinam os alunos.
enviar	Desejava enviar esta encomenda.
esperar (por)	Eles esperam pacientemente pelas suas malas.
**estar	Eu estou cansado/a.
experimentar	Posso experimentar os sapatos?
ficar	Nós ficamos em casa.
ficar	Os sapatos ficam-lhe muito bem.
ficar	No outono as folhas das árvores ficam amarelas.
guardar	Nós guardamos as chaves na gaveta.
indicar	O empregado indica uns sapatos que estão na montra.
lembrar-se	Ele nunca se lembra onde guarda as suas coisas.
levantar	Vamos levantar as malas na secção de recolha de bagagens.
levar	Levo estes sapatos.
marcar	Primeiro marcamos o número de telefone.
olhar	Ela olha para dentro do carro.
organizar	Eles organizam uma festa todos os sábados.
pagar	Pode pagar na caixa.
pegar	Ela pega nuns sapatos.
pesar	Ela pesa a encomenda na balança.
passar	A que horas passam por aqui?
preparar	Ela está a preparar um lanche.
procurar	Eu estou a procurar os meus óculos.
secar	Os calções estão lá fora a secar.
suspirar	Ela suspira e diz: "Que alívio!"
tomar	Gosto de tomar banhos de sol.
tratar	Ele vai tratar de uns negócios.
tirar	Ela abre a carteira e tira uma fotografia dos seus filhos.
trocar	Preciso de trocar dinheiro.

Unidades 5-8   -er

aprender	Nós estamos a aprender português.
atender	A secretária atende a chamada.
chover	No inverno chove muito na Europa.
correr	Eles correm para o mar.

** Verbos irregulares

VAMOS REVER

Unidades 5-8 -er

**crer	Creio que vamos almoçar num restaurante.
**dizer	Eu digo sempre obrigado/a.
**ler	Eu leio o jornal todos os dias.
oferecer	Nós oferecemos presentes aos nossos amigos.
parecer	Até parece que estamos em São Paulo.
**poder	Posso experimentar? – Pode sim.
**pôr	Eu ponho a carta no marco do correio.
**saber	Eu sei onde é o Hotel Ipanema.
**ser	Eu sou professor de Línguas.
**trazer	Trago uma garrafa de vinho.
**ter	Quantos filhos tem?
vender	As pastelarias vendem bolos.
**ver	Eles veem um táxi em frente do edifício.

Unidades 5-8 -ir

**cair	Em Sintra nunca cai neve.
**sair	Eles saem todos os dias.
*seguir	Podem seguir!
**vir	De onde vêm?

Unidades 9-12 -ar

aceitar	Aceitam cheques?
adivinhar	Adivinha quem está aqui!
alugar	Desejava alugar um carro.
apagar	Eu não apaguei a luz.
arranjar-se	Ela está a arranjar-se.
arrumar	Eles arrumaram a roupa nas gavetas.
casar-se	Eles casaram-se a semana passada.
cheirar	O bife cheira bem.
concordar	Concordo consigo.
deixar	Quer deixar um recado?
demorar	O empregado demorou a servir o almoço.
descansar	Como estou cansado, vou descansar.

* Verbos ligeiramente irregulares no Presente do Indicativo
** Verbos irregulares

VAMOS REVER

Unidades 9-12 **-ar**

desligar	Ela desligou o ar condicionado.
embrulhar	O empregado embrulhou a gravata num papel.
encomendar	Eu encomendei uns chocolates do Brasil.
exagerar	Ela exagerou a pôr o sal.
emprestar	Eu emprestei-lhe uma caneta.
inspecionar	Ele inspecionou os nossos sacos.
lamentar	Lamento mas não posso ajudá-lo.
levantar	Pode levantar o embrulho no balcão ao lado da caixa.
levar	Levo esta gravata.
ligar	Ele ligou o ar condicionado
mandar	Podia mandar uns cabides aqui ao quarto?
passear	Eles vão passear pelo país.
pendurar	Eu pendurei os vestidos nos cabides.
provar	Nunca provei bacalhau.
provar	Vou ao gabinete de provas para provar o vestido.
recuperar	Ainda não recuperei da viagem.
reservar	Nós reservámos um quarto duplo.
tentar	Vou tentar outra vez.
tornar (a)	Tornei a ligar.
verificar	Podia verificar o nível do óleo?

Unidades 9-12 **-er**

acender	Eu não acendi a luz.
apetecer	Apetece-me comer um bife.
encher	Ele encheu o depósito do carro.
escolher	Eu escolhi estes sapatos.
*perder	Perdeste as chaves?
saber (a)	O bife sabe a alho.

Unidades 9-12 **-ir**

*conseguir	Conseguirás trazer tudo sozinha?
*pedir	Eu já pedi desculpa.
pedir (emprestado)	Ela pediu-me a caneta emprestada.

* Verbos ligeiramente irregulares no Presente do Indicativo

VAMOS REVER

admirar	Gosto de admirar o pôr do sol.
apreciar	Eles apreciaram os belos quadros do museu.
arranjar	Os relojoeiros arranjam relógios.
brincar	Nós brincávamos no pátio da escola.
calhar	Está tudo a calhar mal.
castigar	O professor castigou-nos.
combinar	Eles combinaram encontrar-se no café.
contar	Estamos a contar ir amanhã.
deitar-se	Ele deitou-se em cima da cama.
desfrutar	Desfrutem das férias!
despachar-se	Despacha-te!
duvidar	Duvido que passe nos exames.
emigrar	Ele emigrou para os Estados Unidos.
encerrar	As lojas encerram para o almoço.
enganar-se	Enganei-me a marcar o número de telefone.
esperar	Eles esperaram na sala de espera.
estacionar	Estacionei o carro em frente do banco.
evitar	Evite comer gorduras.
faltar	Vocês faltam muito às lições de português.
ganhar	Ela ganha muito dinheiro.
ganhar	O Brasil vai ganhar a Copa do Mundo.
gozar	Gozem bem as vossas férias.
gritar	Como ela é surda, eu tive de gritar.
levar	Leve uma vida regrada.
passar	Espero passar no exame.
pensar	O que pensas fazer no próximo ano?
puxar	O professor puxou-nos as orelhas.
queixar-se	Não te queixes que te dói a barriga.
recear	Receio que as notas não sejam boas.
recordar	Gosto de recordar o passado.
regar	Eu rego o jardim todos os dias.
respirar	Respira fundo.
simpatizar	Eles simpatizaram um com o outro.
tratar (de)	O meu pai tratava da horta.

VAMOS REVER

Unidades 13-16 **-er**

acontecer	O que aconteceu?
bater	Eu bati à porta.
***crer**	Creio que ele já saiu.
crescer	Lisboa tem crescido muito ultimamente.
***doer**	Dói-me a cabeça.
entender	Não entendo o que está dizendo.
morrer	Tem morrido muita gente.
***valer**	Não vale a pena.

Unidades 13-16 **-ir**

****convir**	Às 11 horas convém-lhe?
***despir**	Eu dispo a camisa.
***seguir**	Eu sigo sempre os conselhos do médico.
***sugerir**	Eu sugiro que dêmos uma volta por Lisboa.

Unidades 17-20 **-ar**

acampar	Vamos acampar num parque de campismo.
aconselhar	Eu aconselhei-o a ir ao Brasil.
adaptar-se	Ele adaptaram-se depressa ao sotaque brasileiro.
agarrar	Ele agarrou a mão dela.
aguentar	Não sei se o meu coração vai aguentar.
apetecer	Não me está a apetecer tomar nada.
aproveitar	Ela aproveitou a ocasião para perguntar...
apressar-se	Se não nos apressarmos, perdemos o barco.
assobiar	Tu assobias muito bem.
avisar	Temos de avisar com antecedência.
brincar	Não te zangues porque estou a brincar.
celebrar	Vamos celebrar a boa notícia.
chatear	Não me chateies!
confirmar	Desejava confirmar a minha passagem de regresso.
corar	Ela cora facilmente.
deixar (de)...	Se eu pudesse, deixaria de trabalhar.
dispor-se a	Todos se dispuseram a ajudar.

* Verbos ligeiramente irregulares no Presente do Indicativo
** Verbos irregulares

VAMOS REVER

Unidades 17-20 -ar

enjoar	Eu costumo enjoar nas viagens de barco.
envolver	Uma ténue neblina envolvia a Ponte Vasco da Gama.
faltar	Ainda faltam 15 minutos para o barco partir.
faltar	Faltam 10 euros.
gastar	Eles gastam muito dinheiro.
habituar-se	Eles habituaram-se depressa ao tratamento por "tu".
mandar (+ inf.)	Nos mandámos construir uma casa.
planear	Estamos a planear ir a Espanha.
rasgar	O sol tentava rasgar algumas nuvens que o cobriam.
repousar	Eles ficaram em casa para repousar.
revelar	Tenho um rolo de fotografias para revelar.
saborear	Estamos a saborear a nossa bela comida.
saltar	Ele saltou de alegria.
saudar	As gaivotas pareciam saudar os passageiros do barco.
tratar (por)	Podes tratar-me por "tu".

Unidades 17-20 -er

prometer	Ela prometeu visitar-nos.
tremer	As minhas mãos estão a tremer.

Unidades 17-20 -ir

*construir	Eles mandaram construir uma casa.
*investir	Eu investiria o dinheiro.
substituir	Vou substituir o meu colega.

* Verbos ligeiramente irregulares no Presente do Indicativo